JONAS VERLAG

Abdruck der Kurzgeschichte „Babyphonie" von Mark Spörrle (S. 65–70) mit freundlicher Genehmigung des Rowohlt Verlages [aus: Mark Spörrle: Wer hat meine Hemden geschrumpft? Neue Geschichten aus dem wahren Leben. Reinbek bei Hamburg 2006, S. 35–44].

Die Deutsche Bibliothek – CIP-Einheitsaufnahme
Ein Titeldatensatz für diese Publikation ist erhältlich bei der Deutschen Bibliothek

© 2008 Jonas Verlag
für Kunst und Literatur GmbH
Weidenhäuser Str. 88
D–35037 Marburg
jonas@jonas-verlag.de
www.jonas-verlag.de

Gestaltung: Simone Tavenrath
Druck: Fuldaer Verlagsanstalt

ISBN 978-3-89445-397-8

Andrea Mihm

Babyphon

Auf einer Wellenlänge mit dem Kind

Eine kleine Kulturgeschichte

Jonas Verlag

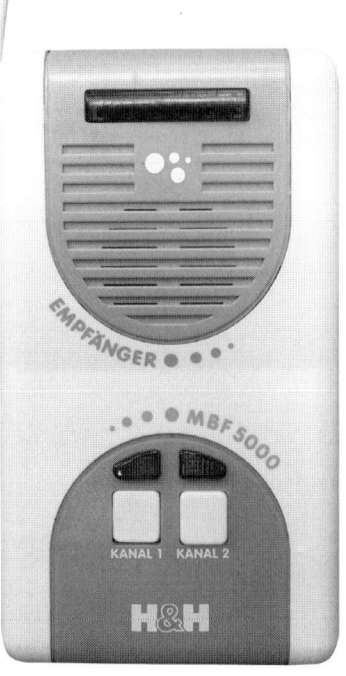

Inhalt

Auf Sendung gehen…
Einleitung zur kleinen Kulturgeschichte des Babyphons 7

„Fräulein Müller, einen Kaffee, bitte!"
Von der Wechselsprechanlage zum Babyphon 9

Zwischen Nähe und Distanz
Kinderbetreuung im Wandel der Zeit 9

Wie alles begann…
Die Wechselsprechanlage als Vorläufer des Babyphons 14

Aufrecht stehend und mit eigenem Namen
Das Babyphon emanzipiert sich 19

Der Funke springt über
Zu (funk-)technischen und gestalterischen Neuerungen 22

Auf einer Wellenlänge mit dem Kind
Grundlegende Bedingungen der Babyphonie 29

Hungergebrüll – Einschlafzetern – Wehgeschrei
Das Weinen als erste menschliche Lautäußerung 29

Hier wohnt…
Zur Separierung der kindlichen Wohnwelt 35

Bei Anruf Kinderschreien
Ein Vergleich von Telefon und Babyphon 38

Unabhängig und flexibel
Babyphonieren – die große Freiheit trotz Kind…? 41

Soweit das Funknetz reicht
Kurze Anmerkung zur Reichweite 43

Carpe somnum – Nutze den Schlaf
Zu wiedergewonnenen Handlungsfreiheiten 44

Eltern ganz Ohr
Von elterlichen Ängsten und Kontrollvorstellungen 50

Mobil und sicher?
Risiken und Nebenwirkungen der Babyphonie 77

„Krack und wach"
Von nächtlichen Lauschangriffen und Funkstörungen 77

Der Wolf im Schafspelz
Zur unsichtbaren Gefahr Elektrosmog 85

Ausgeschaltet
Zusammenfassung und Ausblicke 93

Anmerkungen 97
Auswahlbibliografie 105
Abbildungsnachweis 109
Danksagung 111

Auf Sendung gehen…
Einleitung zur kleinen Kulturgeschichte des Babyphons

Abend für Abend ereignet sich in zahllosen Haushalten mit Kindern dasselbe Ritual: Mama oder Papa bringen den Nachwuchs ins Bett, legen sich womöglich kurz dazu, lesen eine Geschichte vor oder schalten die Spieluhr ein. Anschließend geht es auf Sendung – mittels eines Babyphons.

Das kleine, recht unscheinbare Gerät wurde vor 30 Jahren erfunden und gehört längst zur Grundausstattung von Familien mit Kleinkindern. Heutzutage bekommt man Babyphone sowohl im Fachhandel als auch beim Discounter, in unterschiedlichster Ausführung und Ausstattung. Bei einer Preisspanne von 20 bis 200 Euro für Neugeräte kann sich fast jeder eines leisten. Glaubt man den Herstellern, schaffen sich 60 bis 70 Prozent aller werdenden Eltern ein Babyphon an. Wenn man darüber hinaus berücksichtigt, dass häufig auch gebrauchte Geräte wieder verwendet werden, so darf man davon ausgehen, dass dieser Gegenstand einen festen Platz im Familienleben erobert hat. Neben Autositz, Kinderwagen und Wegwerfwindel wurde das Babyphon selbstverständlicher Bestandteil familiären Alltags. Es fügt sich ein in den allgemeinen Technisierungstrend seit den 1960er Jahren. War dieser anfänglich vor allem durch die Anschaffung von Waschmaschinen, Kühl- und Gefrierschränken sowie den Siegeszug des Automobils gekennzeichnet, eroberten seit den 80er Jahren vermehrt elektronische Geräte des Informations- und Kommunikationsbereichs die privaten Haushalte.[1]

Wie die Bezeichnung kenntlich macht, ist das Babyphon weit mehr als bloßes technisches Gerät. Vielmehr verknüpft das Wort einen Begriff aus dem menschlich-familiären Bereich (Baby) mit einem aus der Welt der Technik (Phon – griechisch: Stimme, Klang). Beides ist zusammen zu denken. Deutlich spiegelt sich darin die Tatsache wider, dass technische Gegebenheiten auf der Alltagsebene längst in den Familienzusammenhang integriert sind.

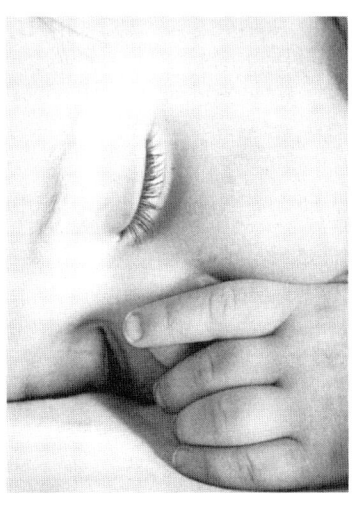

Was aber verhilft dem Babyphon zu solcher Beliebtheit? Warum entschließen sich Betreuungspersonen zu solch einer funktechnischen Überwachungspraxis? Welche kulturellen Stimmungen führten zur Etablierung des Babyphons? Was verrät es über unser Verständnis von Familie, Erziehung und dem Verhältnis von Eltern und Kind? Steht ein solches Gerät dem kindlichen Verlangen nach Nähe und Geborgenheit im Weg oder kann es sogar die Selbstständigkeit des kleinen Erdenbürgers fördern? Und verkörpert das Babyphon nicht auch ein allgemeines gesellschaftliches Phänomen – das wachsende Bedürfnis nach Sicherheit und Kontrolle in einer scheinbar immer unsichereren Welt? Diesen und anderen Fragen soll im Folgenden nachgespürt werden. Den Ausgangspunkt der Erörterung bildet das Babyphon selbst – seine Geschichte, das Design und die Funktionen.

„Fräulein Müller, einen Kaffee, bitte!"
Von der Wechselsprechanlage zum Babyphon

Das, was wir heute als Babyphon kennen, ist ein Geräteset, bestehend aus einem Sender und einem Empfänger. Die „Arbeitsweise ist einfach: Das Mikrofon des Sendegerätes horcht im Kinderzimmer, ob sich dort ein Laut regt. Sobald das der Fall ist, überträgt der Sender" die kindlichen Geräusche „zum Empfangsgerät, das je nach Reichweite zum Beispiel nebenan im Wohnzimmer stehen kann, draußen im Garten oder aber auch in der Nachbarwohnung"[2].

Der Zweck der funktechnischen Geräuschübermittlung besteht den Herstellern zufolge darin, den Betreuungspersonen ein gewisses Maß an Freiheit zu gewähren. Sie können sich unabhängig vom Kind bewegen und dieses aus der Ferne beaufsichtigen. Das Babyphon soll so die Erziehungsarbeit erleichtern und Freiräume schaffen. Folglich avancierte es bei vielen Eltern zum willkommenen Hilfsmittel in der alltäglichen Haushaltsorganisation.

Zwischen Nähe und Distanz
Kinderbetreuung im Wandel der Zeit

Möchte man nun die historische Entwicklung der Babyphonie ergründen, so steht am Anfang die Frage nach dem Davor: Welche Mittel und Wege nutzten die Eltern eigentlich, bevor das Babyphon geboren war? Wie schafften sie es, die vielfältigen Haushaltsaufgaben wie Kochen,

Waschen oder Bügeln mit der Betreuungsarbeit unter einen Hut zu bringen?

Zeitschriften und Ratgeber zur Säuglings- und Kleinkindpflege gewähren aufschlussreiche Einblicke.[3] Die Normen und Praktiken der Versorgungsarbeit haben sich demnach entscheidend gewandelt, was sich insbesondere bei der Frage der Betreuung zeigt. Während es heutzutage als undenkbar und grob fahrlässig gilt, einen Säugling alleine in der Wohnung oder im Haus zu lassen, war dies in den 50er und 60er Jahren durchaus üblich – und zwar nicht nur, um schnell den Einkauf oder die Gartenarbeit zu erledigen. Vielmehr stellte es eine bewusst propagierte Erziehungsmethode dar, Säuglinge sich selbst zu überlassen. Laut medizinischer Auffassung entsprach dies „der Natur des Kindes"[4] und war seiner geistigen wie körperlichen Entwicklung zuträglich: „Neben Füttern, Baden und Trockenlegen braucht das Kind nichts weiter als Ruhe. Nach Möglichkeit ist es in einen Raum für sich zu stellen, damit man sich nicht ohne wichtigen Anlaß mit dem Kinde beschäftigt. Auch nachts soll der Säugling von Anfang an allein sein. Den gesunden Säugling überlassen wir möglichst sich selbst und beschäftigen uns nicht unnötig mit ihm."[5] Zur Distanznahme und zum gezielten Weglegen des Kindes rät auch die Medizinerin Johanna Haarer, wenn sie schreibt: „Die ganze Familie sollte sich von vornherein daran gewöhnen, sich nicht ohne Anlaß mit dem Kinde abzugeben."[6] Und im „Ärztlichen Ratgeber für die werdende und junge Mutter" formuliert Siegfried Häussler, seinerzeit Mitglied des Bundesgesundheitsrates: „Nehmen Sie Ihr Kind nur aus dem Bettchen, wenn es gewickelt, gebadet und gefüttert werden soll. In den ersten drei Monaten sollten Sie das Kind auch nicht umhertragen. Das Kleinstkind gedeiht am besten, wenn man es möglichst in Ruhe lässt [...]."[7]

Was aber von medizinischer Warte aus als naturgemäßes und der kindlichen Entwicklung förderliches Verhalten propagiert wurde, rief bei den Eltern durchaus gemischte Gefühle hervor. Im Falle, dass sie etwas erledigen mussten und ihr Kind alleine ließen, galten ihnen die ärztlichen Ratschläge zwar gewiss als Rechtfertigung vor dem eigenen Gewissen. Ganz unbekümmert und leichtfertig überließen sie ihre Kinder aber keineswegs sich selbst. Befürchtungen und Bedenken sind jedenfalls nicht zu übersehen: So erklärt eine Mutter namens Gabriele in der Zeitschrift „Junge Mutti" zwar auch, dass ein Kind beizeiten daran gewöhnt werden müsse, „einmal allein zu sein". Zugleich räumt sie aber ein, dass es „immer ein gefährliches Unternehmen" sei, „ein Kleinkind längere Zeit allein in der Wohnung zu lassen".[8] Was Gabriele also für kurze Dauer als durchaus praktikabel und legitim erscheint, ist ihr, auf eine längere Zeitspanne betrachtet, zu riskant und unsicher. Da nicht jede Frau „das unschätzbare Glück" habe, „eine Großmutter zu besitzen, die sofort helfend" einspringt, unterrichtet die erfahrene Mutter ihre Leserinnen und Leser über die diversen Möglichkeiten zur Kinderbetreuung. Neben der Oma kommt nach ihrem

Die Großmutter in ihrer bewährten Rolle als Babysitterin.

Dafürhalten die „freundliche Nachbarin" ebenso für Babysitter-Dienste in Frage wie eine Verwandte oder Freundin. Als „rettende Engel" könnten auch Schülerinnen und Studentinnen den Eltern ihre „Ausgehsorgen" nehmen.[9]

Während Gabriele ihre Lösungsvorschläge für das elterliche Dilemma aus Sicht der betroffenen Mutter schildert, wandeln sich gegen Ende der 60er und Anfang der 70er Jahre auch die Empfehlungen der Experten. Neben Medizinern kommen nun vermehrt Pädagogen und Psychologen zu Wort. Sie plädieren dafür, Kinder, insbesondere Kleinkinder, nicht alleine zu lassen. Vielmehr sollten sich Eltern bei der Betreuung ihres Nachwuchses gegenseitig unterstützen, Nachbarn, Babysitter, gegebenenfalls auch Geschwisterkinder zu Hilfe nehmen. In jedem Fall aber raten sie: „Kleine Kinder müssen bewacht werden."[10] Schließlich könne „kein Babysitter [...] so schlecht sein, wie die Gefahr allein gelassener Babys groß ist."[11] Was also vormals noch als gesundheits- und entwicklungsfördernd galt, verkehrte sich nun ins Gegenteil. Nicht die übermäßige Fürsorge erschien jetzt als problematisch, nunmehr sah man im Alleinlassen die kindliche Entwicklung als gefährdet an. Risiken bestünden den Experten zufolge nicht nur in vielfältigen Unfallgefahren, allen voran der des Erstickens[12]. Vielmehr könne das Kind irreparable seelische Schäden davontragen, sollte es sein Alleinsein registrieren und verzweifelt nach den Eltern verlan-

Das waren noch Zeiten, als Papi und Mami abends einen Krimi anschauten!

Sollen Kinder bei den Eltern schlafen?

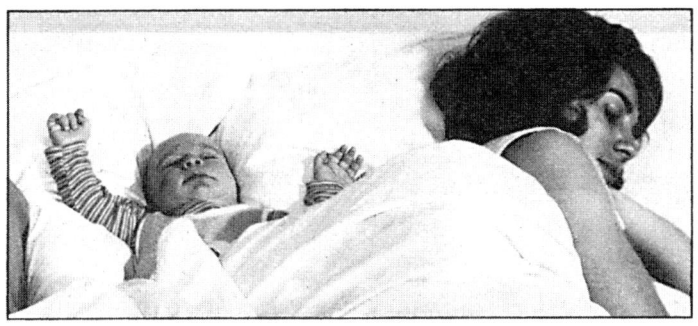

Diese Frage stellten zahlreiche Leser von Fachzeitschriften bereits in den 70er Jahren.

gen. Verlassenheitsängste und mangelndes Urvertrauen seien die vermeintliche Folge.[13] Und welche Mutter, welcher Vater könne und wolle einen solchen Vertrauensverlust und die damit verbundenen geistigen Fehlentwicklungen verantworten? Schließlich gilt das „gesunde und altersgerechte Gedeihen des Kindes"[14] auch als Spiegelbild familiärer Erziehungsarbeit. Anomalien sind demnach auf elterliches Versagen zurückzuführen. Da sich dies aber kein Elternteil nachsagen lassen möchte, versetzte die aktuelle Bewertung von Alleinlassen und Umsorgen die Eltern zugleich in erhöhte Alarmbereitschaft und veranlasste sie u. a. zur Beschäftigung mit kinderpsychologischer Fachliteratur. Ein erster Grundstein für die bevorstehende Babyphonie war gelegt.

„Auf das Baby hören"[15] lautet dann auch die Devise in den 80er Jahren. Mit dem Aufkommen der Alternativbewegung verstärkt sich zudem die Fixierung auf den kindlichen Körper – „als Ort der Sinnlichkeit und Emotionalität"[16]. Neben den „drei wichtigen ‚Z': Zeit, Zärtlichkeit und Zuwendung"[17] gilt vor allem „das Gefühl von Geborgenheit"[18] als unabdingbare Voraussetzung für die gesunde Entfaltung des Kindes. Praktisch bedeutete dies, dass das Kind möglichst viel Körperkontakt zu seinen Eltern erhalten und niemals sich selbst überlassen werden sollte. Das Tragetuch wurde zum Inbegriff der neuen Denk- und Erziehungsrichtung. Auch durfte das Kind nun im elterlichen Bett schlafen und sich nachts an der Nähe zu den Eltern laben, eine Praktik, die jedoch bis heute umstritten ist.[19]

Für den Fall, dass die Eltern abends etwas unternehmen wollten, sollten Babysitter – aus dem Freundes- und Verwandtschaftskreis oder professionell vermittelt – die Betreuung des Kindes übernehmen. Auch „Kleine technische Tricks..." wie Gegensprechanlagen oder Walkie-Talkies wurden bereits empfohlen, um „eine akustische Verbindung zwischen Kinderzimmer und Nachbarwohnung" herzustellen.[20] Idealerweise sollten die Eltern ihre Zöglinge jedoch mitnehmen.

Am Beginn des 21. Jahrhunderts, so die Sozialwissenschaftlerin Beatrice Hungerland[21], „sind die Ansprüche an die Erfüllung der körperlichen Bedürfnisse des Kindes wieder etwas zurückgegangen." Noch immer gelte zwar „der Körperkontakt zwischen Eltern und Kindern" als wichtiger Indikator für die kindliche Entwicklung. Allerdings spielen auch die Eltern mit ihren Bedürfnissen und deren Befriedigung eine zentrale Rolle. Die vollkommene Aufopferung für das Kind stellt in jedem Fall nicht mehr die ideale Versorgung dar. Gute Bedingungen also für den Einsatz des Babyphons. Suggeriert es den Eltern doch, beides gut miteinander vereinbaren zu können: die Bewachung des Kindes einerseits und das Auskosten kleiner Freiheiten andererseits.

Wie alles begann …
Die Wechselsprechanlage als Vorläufer des Babyphons

Hervorgegangen ist das Babyphon aus sogenannten Sprech- oder Wechselsprechanlagen. Diese hatten meistens ein schwarzes oder graues Kunststoffgehäuse und funktionierten Anfang der 70er Jahre über Kabel. Beide Geräte – also der Sender und der Empfänger – verband ein zweiadriges, durch das Gebäude verlegtes Kabel. Kleinere Anlagen waren flach liegend, größere konnten auch an der Wand montiert sein. Ursprünglich eingesetzt wurden die Wechselsprechanlagen beispielsweise in Bürogebäuden, wo sie etwa das Vorzimmer mit dem Büro des Chefs verbanden. Unabhängig vom Telefon ermöglichten sie Gespräche zwischen zwei oder mehreren Nutzern – in unserem konkreten Fall also zwischen der Sekretärin und dem Vorgesetzten.

Ein Vorläufer des Babyphons: die Wechselsprechanlage zur Erleichterung des Arbeitsalltags.

Im Jahre 1977 bewarb der Hersteller Reer erstmals auch das Kinderzimmer als Einsatzort für die Sprechanlagen. In einer Anzeige ist zu lesen: „Kein noch so merkwürdiges Geräusch im Kinderzimmer bleibt der Mutter verborgen, wenn sie in der Küche ist – vorausgesetzt, sie hat den Lautstärkenregler richtig eingestellt. Diese drahtgebundene 2-Stationen-Wechselsprechanlage für Netzbetrieb besteht aus Haupt- und Nebenstelle und etwa 20 m Kabel und ist ohne technische Schulung zu installieren."[22]

Die Idee für die Überwachung des Kindes aus der Ferne entstand höchstwahrscheinlich im Kreißsaal. Denn neben verschiedenen medizinischen Überwachungsgeräten wurden – zunächst in amerikanischen, später auch in deutschen Geburtskliniken – „Fernsehübertragungsanlagen" installiert[23]. Diese ermöglichen „es den Ärzten, ständig über die Vorgänge [...] im Kreißsaal [...] informiert zu sein"[24], ohne dabei anwesend sein zu müssen. Einige Zeit später übermittelten solche Fernsehkameras die Bilder aus dem Kreißsaal nicht mehr nur zu einem dem Arzt zugänglichen „Laboratorium"[25]. Nun wandelte sich das von den werdenden Vätern besetzte Wartezimmer zur Versuchsanstalt. Unter der Überschrift „Die Geburt auf dem Monitor" beschreibt Mathias Welp 1976, wie dies vonstatten ging: „Der junge Mann rutscht unruhig auf dem Stuhl vor dem Fernsehgerät hin und her. Hastig drückt er eine Zigarette in den Ascher. Jeden Moment wird er Vater.

Sicherheit für Eltern und Kind

Zur akustischen Überwachung des Kinderzimmers eignet sich die Babysitter-Sprechanlage hervorragend. Die Anlage besteht aus einer Haupt- und Nebenstelle sowie 20 m Verbindungsleitung. Diese wird lose verlegt und somit ist die Anlage überall einsatzbereit. Im Nu ist eine Verbindung hergestellt z. B. vom Kinderzimmer ins Elternschlafzimmer, oder vom Balkon in die Küche. Selbst wenn der Kinderwagen im Garten steht, ist eine akustische Überwachung möglich. Auch wenn die Nachbarn einmal um Babysitter-Dienste gebeten werden, läßt sich eine Verbindung mühelos einrichten, z. B. die Verbindungsleitung durchs Fenster oder Treppenhaus lose verlegt. Die Hauptstelle wird an das Stromnetz angeschlossen, ist also nicht von einer Batterie abhängig und deshalb auch ständig betriebsbereit.

Werbeanzeige der Firma Reer, 1978.

Geburt für Väter via Bildschirm

Die Binsenweisheit „Vater werden ist nicht schwer" braucht nicht unbedingt für alle werdenden Väter zu gelten. Jedenfalls: Das Hildesheimer St. Bernhard-Krankenhaus ging mit gutem Beispiel voran und installierte in seinem Kreißsaal eine Fernsehka-

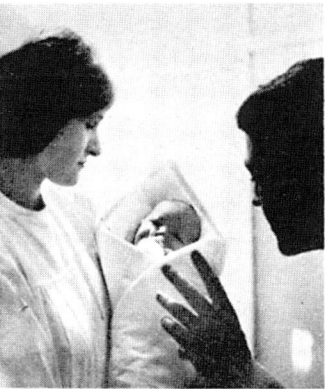

mera, die den Geburtsablauf via Bildschirm im benachbarten Warteraum dem sorgenden Vaterauge sichtbar macht. Wer diesen Augenblick für immer festhalten möchte, kann ihn auf Magnetband gespeichert mit nach Hause nehmen.

Bericht in der Zeitschrift „Junge Mutti", Rubrik „Für junge Väter", 1973.

Und er wird diese Augenblicke miterleben – auf dem Fernsehbildschirm, live übertragen aus dem Kreißsaal, zwei Türen weiter. Ort des Geschehens: Der ‚Tele-Raum' des Kreis- und Akademischen Lehrkrankenhauses Gießen in Lich (Hessen). ‚Kannst Du mich hören, Schatz?' Eine Wechselsprechanlage ermöglicht den direkten Wortkontakt mit der Frau."[26] Den ersten Schrei ihres Kindes hörten die Väter also sehr wahrscheinlich über die Wechselsprechanlage. Das erste Babyphon war somit geboren und der Gedanke rückte näher, Gegensprechanlagen auch im eigenen Heim zu nutzen. Schließlich war es längst üblich, Säuglinge während ihrer ersten Tage im Krankenhaus mit technischen Hilfsmitteln zu überwachen. Zudem gehörten Wechselsprechanlagen schon zum Arbeitsalltag vieler Menschen, waren somit erprobt und allseits bekannt.

BABY-SITTER
funktioniert drahtlos über jede Steckdose, meldet sofort, wenn Ihr Kind weint oder ruft. Störsicheres FM/PLL-System, im flachen schönen Gehäuse. Passend in jede Reisetasche und zur späteren Verwendung als Telefon-Melder geeignet. FTZ-Nr. postgenehmigt und gebührenfrei.
Baby-Sitter komplett DM 134,–, **1 JAHR GARANTIE.**
Diamant Electronic, Postfach 1171
7014 Kornwestheim, Tel.: 0 71 54/2 10 19

Anzeige in der Zeitschrift „Eltern", 1984.

Ende der 70er Jahre entwickelten sich die Wechselsprechanlagen weiter. Die Verbindung konnte nun erstmals über das Stromnetz hergestellt werden. Die damalige „Deutsche Bundespost" gab hierfür eine eigens eingerichtete Sendefrequenz frei. Gegenüber der älteren Technik hatte dies den Vorteil, dass dem Nutzer das ‚lästige' Verlegen des Kabels erspart blieb. In einer Produktübersicht der Firma Vivanco hörte sich das dann so an: „Keine Leitungen verlegen, Löcher bohren oder gar die Verkabelung unter Putz legen. Ihre Wechselsprechanlage können Sie von jedem Raum aus benutzen, in dem sich eine Steckdose befindet. Denn Vivanco Wechselsprechanlagen benutzen die Kabel und Leitungen, die sowieso schon vorhanden sind. Einfach in die Steckdose, schon haben Sie Anschluß."[27]

Die Umgestaltung der Übertragungswege – weg vom Kabel, hin zur Stromleitung – hatte neben diesem positiven Effekt aber auch Nachteile. Denn mitunter klang plötzlich eine fremde Stimme aus der Anlage – beispielsweise die vom Nachbarskind. Aufgrund der Nutzung ein

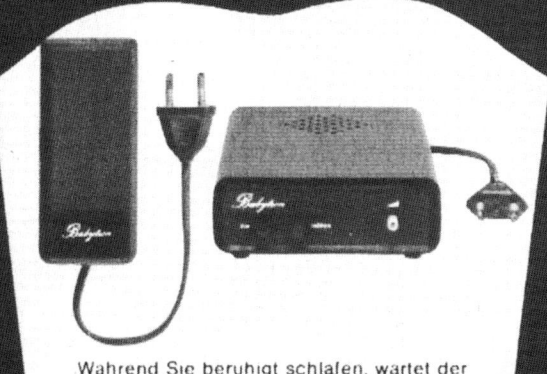

Die sogenannte Sprachautomatik ermöglichte eine Übertragung ohne lästige Zwischentöne. Anzeige, 1983.

und desselben Kanals konnte es nämlich durchaus zu Verwechslungen kommen.

Daraufhin gab die Post mehrere Frequenzen frei. Zugleich wurden die Geräte mit einem Schalter ausgestattet, der es ermöglichte, von einem Kanal auf einen anderen zu wechseln. Hat also ein Elternteil festgestellt, dass der Nachbar z. B. auf Kanal 1 sendet, dann konnte das eigene Gerät auf Kanal 2 umgeschaltet werden. Die Wahrscheinlichkeit funktechnischer Überlappungen wurde somit reduziert. Doch nicht nur das. Bemerkenswert ist die Frequenzerweiterung durch die Post auch, weil hier eine staatliche Behörde einwirkt auf die Übermittlungswege eines sehr privaten Kommunikationsgeschehens. Das, was gemeinhin als innerfamiliäres, intimes Medium genutzt und wahrgenommen wird, ist demnach geprägt von administrativen Eingriffen.

Die nächste Etappe in der Entwicklung des Babyphons war dann Anfang der 80er Jahren die Einführung der sogenannten Sprachautomatik, ein Feature, das auch bei heutigen Geräten nach wie vor serienmäßig eingebaut wird. Bis dato sendete das Gerät im Kinderzimmer durchgehend, während das Gerät im Schlafzimmer durchgehend empfing. Dies zog zumeist ein permanentes Rauschen nach sich. Weil an dem verwendeten Stromkreislauf zudem noch andere Geräte angeschlossen waren, kam es nicht selten zu Störungen – ausgelöst beispielsweise durch einen anspringenden Kühlschrank. Mit Hilfe der Sprachautomatik versuchte man nun, derartigen Störungen Herr zu werden. Das Gerät schaltete sich fortan erst dann ein, wenn tatsächlich ein Geräusch im Kinderzimmer zu vernehmen war. Im Ruhezustand hingegen fand keine Übermittlung von Signalen statt. Heutzutage wird diese Funktion auch als „Voice activation" bezeichnet und zählt zur Standardausstattung eines Babyphons.

Aufrecht stehend und mit eigenem Namen
Das Babyphon emanzipiert sich

Neben den technischen Merkmalen entwickelte sich Ende der 80er Jahre auch das Design in einem ganz wesentlichen Punkt weiter: Die Geräte lagen nicht mehr, sondern richteten sich auf und konnten nunmehr aufgestellt werden.

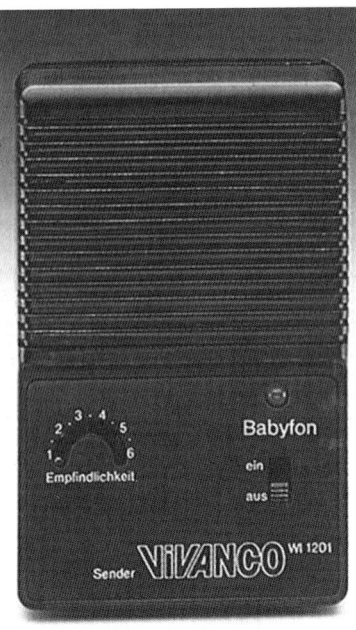 

Erste aufrecht stehende Wechselsprechanlage mit der Bezeichnung „Babyfon", 1989.

Lange bevor das Babyphon als solches benannt wurde, existierten bereits Miniplattenspieler mit dieser Bezeichnung. Anzeige der Firma Metz, 1954.

Sie bekamen jetzt außerdem den Aufdruck „Babyfon"[28]. Zwar wurden auch ältere Modelle bereits als ideale Babysitter beworben[29], eine eigene Kennzeichnung „Babyfon" hatten diese jedoch noch nicht.

Zwei Dinge werden im Prozess der Aufrichtung sichtbar: Zum einen ist es natürlich ein ganz praktischer Vorgang. Denn während die industriell verwendeten Anlagen tatsächlich dem Wechselsprechen dienten, sprich: Man drückt einen Knopf und kann damit den anderen hören oder selber reden, war ein Knopf- oder Tastendruck bei dem eigens als Babyphon ausgewiesenen Gerät nicht mehr erforderlich. Nachdem die Anlage eingeschaltet war, sendete sie. Somit musste das Gerät auch nicht der Druckkraft standhalten, wie dies bei den Wechselsprechanlagen noch erforderlich war und benötigte somit eine kleinere Standfläche.

Der zweite Aspekt, der mit dem Prozess der Aufrichtung zusammenspielt, ist ein emanzipatorischer Vorgang. Denn die Aufrichtung des Babyphons ging einher mit einer gewissen Eigenständigkeit. Das Gerät war nunmehr ausschließlich Babyphon und hatte seine „ursprüngliche Herkunft" quasi hinter sich gelassen. Das Babyphon wurde nun gesellschaftlich relevant und die Nachfrage stieg. Die Überwachung des Kindes mittels des technischen Gerätes erlangte ganz offenkundig zunehmend Bedeutung.

Etwa zur selben Zeit wie das Babyphon kam auch das Tragetuch in Mode. Eigentlich verkörpern beide Hilfsmittel zur Kinderbetreuung zwei völlig gegensätzliche Prinzipien. Während das eine für die technische, distanzierte Überwachung des Kindes steht, ist das andere mit engem Körperkontakt verbunden. Was auf den ersten Blick widersprüchlich erscheint – Abstand einerseits, Nähe andererseits – erweist sich beim zweiten Hinschauen als ein und dieselbe Vorstellung von Kindererziehung: Sich dem Nachwuchs zu widmen, möglichst umgehend seine kindlichen Bedürfnisse zu erfüllen – das gilt als Nonplusultra der Betreuungsarbeit.

Wie eingangs bereits erwähnt, fällt die Verselbstständigung des Babyphons auch in eine Zeit, in der die zwischenmenschliche Kommunikation zunehmend technisch vermittelt wurde. In öffentlichen Einrichtungen wie auch in privaten Haushalten zogen elektronische Geräte aus dem Informations- und Kommunikationsbereich ein.[30] Während Radio, Fernsehen und Telefon beinahe schon selbstverständlich das All-

Varianten der neu aufgekommenen Trageidee: die Modelle „snugli", „easy-Rider" und „didymos", 1980.

Was halten Sie eigentlich vom Babytragebeutel?

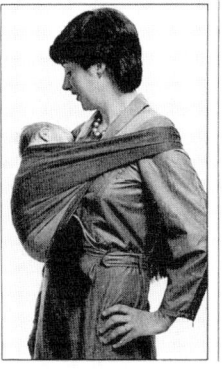

Immer mehr Mütter oder Väter „schleppen" ihren Sprößling im Tragesitz bzw. -tuch beim Einkaufen und Spazierengehen mit sich herum. unser kind zeigt hier (v.l.n.r.) drei der gängigsten Modelle: die Babytragebeutel „snugli" und „easy-Rider" und das „didymos"-Babytragetuch.
Unsere Frage an Sie, liebe Leser: Wenn Sie bereits solch einen „Klein-Transporter" benutzen, ob Sie uns dann mal schreiben mögen, welche Erfahrungen — gute oder schlechte — Sie damit gemacht haben?

tagsgeschehen prägen und sich lediglich in ihrer Bandbreite und Ausstattung vermehrten und differenzierten, bahnte sich nun auch der Homecomputer seinen Weg in die heimischen Gerätearsenale.[31]

Technischer Fortschritt und Fortschrittsglaube machen sich aber nicht bloß im Informations- und Kommunikationssektor massiv bemerkbar. Gerade auf medizinischem Gebiet, in der Gynäkologie, der Geburtshilfe und Kinderheilkunde, hinterlassen vielfältige technische Errungenschaften und Praktiken tiefgreifende Spuren. Diese reichen von der längst selbstverständlichen Klinikgeburt über die geplante Schwangerschaft und deren minuziöse Überwachung bis hin zu flächendeckenden Schutzimpfungen, um nur einige Beispiele zu nennen. Die Emanzipierung des Babyphons, seine Aufrichtung und Abnabelung von den Sprechanlagen waren folglich eingebettet in weitreichende gesellschaftliche Technisierungsprozesse.

Der Funke springt über
Zu (funk-)technischen und gestalterischen Neuerungen

Anfang der 90er Jahre vollzog sich der nächste große Entwicklungsschritt hin zu jenem Babyphon, wie man es heute kennt. Erstmals wurde nun die Funktechnik zur Übertragung genutzt. Da es hierzu richtiger Sendeanlagen bedurfte, musste wiederum die Post ihre Erlaubnis geben. Die Postbehörde unternahm daraufhin einen bemerkenswerten Schritt und gab die bereits bestehende Frequenz für CB-Funker auch für das Babyphon frei – ein Schritt, der nicht folgenlos blieb. Denn in den Empfangseinheiten der Babyphone waren nunmehr auch Lastwagenfahrer und andere Funknutzer zu hören. In der Nähe von Autobahnen und größeren Städten kam es somit häufig zu nächtlichen Ruhestörungen und ungewollten Schlafunterbrechungen. Da dies bei den ohnehin gestressten Eltern massiven Ärger auslöste, begann die Post Mitte der 90er Jahre, das ganze System zu entzerren, indem sie noch weitere Frequenzen freigab.

Im Laufe der technischen Evolution des Babyphons ging es immer wieder darum, Störungen zu vermeiden und Verwechslungen vorzubeugen. So wurde auch die sogenannte Pilottontechnik eingeführt. Ähnlich wie beim Verkehrsfunk wird dabei ein nicht hörbares Signal

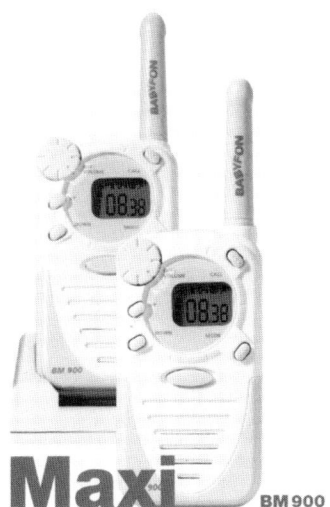

Helle Kunststoffgehäuse mit abgerundeten Kanten prägten die Geräte Ende der 90er Jahre.

zusätzlich gesendet, welches erkennt: ‚Aha, das ist mein Babyphon, mein Sender'.

Eine andere Technik, die Störungen ebenfalls eliminieren und die Privatsphäre schützen soll, ist die sogenannte DECT-Technologie (= Digital Enhanced Cordless Telecommunications). Diese drahtlose Übertragungstechnik kommt aus dem Telefonbereich und gewährt eine sehr hohe Abhörsicherheit.

Aber nicht nur in technischer Hinsicht hat sich in den vergangenen Jahren vieles verändert. Ein Vergleich der momentan erhältlichen Geräte mit älteren Wechselsprechanlagen zeigt viele Weiterentwicklungen auch im Design. So ergab sich mit dem Einzug der Funktechnik beispielsweise eine Anlehnung an Funkgeräte. Das Babyphon wurde aufrecht gestellt und bekam eine Antenne aufgesetzt. Die Geräte bekamen ein helles Kunststoffgehäuse mit abgerundeten Kanten und somit insgesamt ein wesentlich freundlicheres Äußeres.

Doch existieren neben dieser sehr wesentlichen Entwicklungslinie noch weitere Ausrichtungen. So gibt es Hersteller, die beim Design ihrer Geräte eher deren technischen Charakter betonen, und solche, die ihnen eher eine verspielte Optik verleihen. Eltern, die sich zum Kauf eines Babyphons entschlossen haben, steht also mittlerweile eine er-

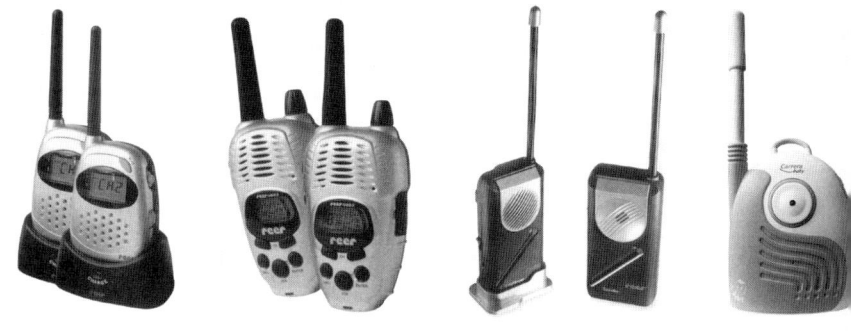

staunliche Vielfalt an Geräten zur Verfügung. Das gilt für die technische Ausstattung wie fürs Design. Der Kaufinteressent kann – ganz nach seinen individuellen Vorlieben und Neigungen – zwischen unzähligen Alternativen auswählen. Dabei dürften bei der Kaufentscheidung nicht nur Preis und Funktion ausschlaggebend sein. Eine Rolle wird auch spielen, wie sich die Käufer selbst sehen und womit sie sich identifizieren können.[32]

Bei den momentan erhältlichen Babyphonen überwiegen deutlich diejenigen mit rundlichen, in Kunststoff gegossenen Formen, einem schlichten Weiß oder Cremeweiß – häufig kontrastiert mit einer kräftigen Farbe. Klein und handlich sollen sie sein, robust und vergleichsweise unauffällig, so das Credo der Hersteller – und der Verbraucher. Weil beide Seiten so viel Wert darauf legen, dass sich ein Babyphon harmonisch in die kindliche Wohnumgebung einfügt, sehen die meisten

Die Bandbreite der momentan erhältlichen Babyphone reicht vom silberglänzenden Kompaktgerät (siehe oben) bis hin zur gelb leuchtenden Tigerente.

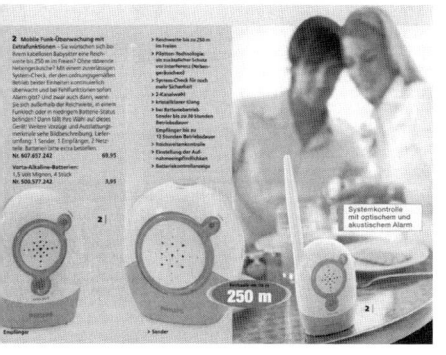 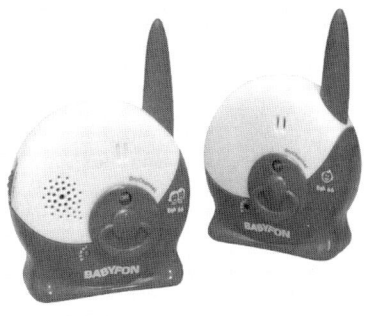

handelsüblichen Geräte einem Plastikspielzeug zum Verwechseln ähnlich. Das Elterngerät wiederum soll vorzugsweise dezent gestaltet sein, damit es sich auf einem Couch- oder Esstisch sehen lassen kann. Die hinter der unscheinbaren Hülle verborgene Technik gerät dabei leicht ins Vergessen. Auf den ersten Blick lassen allenfalls ein bunter Drehknopf und die in Kunststoff gehüllte Antenne erahnen, dass es sich um ein technisches Gerät handelt, nicht um ein Spielzeug. Aus nüchterner Technik wird mit Hilfe dieser Hülle ein gefälliger Alltagsgegenstand. Das Design gibt dem Babyphon die nötige Unauffälligkeit und Harmlosigkeit, dient als Verkleidung und Fassade. Die „Technik ist absorbiert"[33].

Nimmt man das Babyphon genauer unter die Lupe, so wird indes sichtbar, dass es viel komplexer ist, als sein Aussehen zunächst vermuten lässt. Gut getarnt hinter weichen Formen finden sich Schalter, Regler, Leuchten, Mikrofon, Lautsprecher, Netzteile und Antennen und verweisen darauf, dass sich hinter diesem Gerät mehr als nur ein simpler Ein-/Aus-Mechanismus verbirgt. Vielmehr verfügt ein Babyphon über vielfältige Funktionen und Möglichkeiten zur Einstellung und Verwendung.

Alles in allem bleibt festzuhalten, dass sich die technische Entwicklung des Babyphons in fließenden Übergängen vollzog: Von der drahtgebundenen Wechselsprechanlage hin zur drahtlosen über Stromleitungen, von der Kabelübertragung hin zur Funktechnik. Auf den geschäftlichen Einsatz folgte der familiäre. Die Verständigung zwischen Chef und Sekretärin sowie zwischen Arzt und der in den Geburtswehen liegenden Patientin bereitete den Weg für die Kommunikation

Während in den beiden oberen Etagen eine Verbindung zwischen Chef und Sekretärin hergestellt wird, spielt sich im ersten Stock des Hauses eine andere Szene ab. Die Verbindung zwischen beiden Akteuren dient hier der Kontrolle des kindliches Schlafes. Nicht dem Vorgesetzten wird Gehör geschenkt, sondern dem Kind. Das Baby wird gleichsam zum Chef. Nicht der Chef diktiert das Handeln, sondern der Nachwuchs.

zwischen Eltern und Kind. Die Geschichte des Babyphons ist somit geprägt von vielfältigem Funktionswandel und von Umdeutungsprozessen, wie ein Werbeblatt aus den 80er Jahren veranschaulicht. Zu sehen ist die Front eines Altbaus mit mehreren Etagen. Sprech- und Gedankenblasen verweisen auf das Geschehen hinter der Fassade.

Das Bild veranschaulicht verschiedene Verwendungszwecke ein und desselben Mittels. Beschrieben wird die Gleichzeitigkeit zweier ganz unterschiedlicher Kommunikationsprozesse. Zugleich illustriert das Werbeblatt, wie sich ein Funktionswandel vollzieht, der Übergang von einer aktiv durch Knopfdruck vorgenommenen Sprachübermittlung im Arbeitsalltag hin zur privaten Dauerüberwachung des kindlichen Schlafes. Das technische Verbindungselement entwickelt sich gleichsam vom wechselseitigen Kommunikationsmittel hin zum Kontrollinstrument.

Daneben hebt die bildliche Darstellung noch einen anderen Aspekt der Babyphon-Geschichte hervor, dass es sich nämlich auch um ein Gerät handelt, das der „ökonomischen Sphäre" entstammt, das „heißt einer Sphäre, die nach Kriterien betriebswirtschaftlicher Zeiteffizienz strukturiert ist."[34] Der Übergang von der Wechselsprechanlage hin zum Babyphon beschreibt demnach nicht allein den räumlich-funktionellen Wandel – vom Büro oder Supermarkt hinein in die Wohnung oder das Haus. Effektives Wirtschaften, eine straffe Organisation und gewinnbringende Handlungsstrategien sind folglich ebenso im ganz Privaten bedeutsam. Auch innerhalb der Familie gilt es offenkundig, Zeit zu sparen und Abläufe so reibungslos wie möglich zu gestalten. Die Familie gerät dabei zum vielseitigen Kleinunternehmen, die Mutter zur belastbaren, einfühlsamen und zielorientierten Managerin, wie eine bekannte Werbekampagne im deutschen Fernsehen nahe legt.[35]

Auf einer Wellenlänge mit dem Kind
Grundlegende Bedingungen der Babyphonie

Sucht man in einem Lexikon nach einer Erklärung für das Wort Babyphon, so kann man folgende Definition finden: „['beːbi-; zu griech. Phoné «Laut», «Stimme»] das, -s / -e, Babyphon ['beːbi-]', telefonähnl. Gerät, das Geräusche aus dem Kinderzimmer überträgt."[36]

Darin benannt sind drei weitere konstitutionelle Merkmale: Die räumliche Gegebenheit – das Kinderzimmer ist als Stichwort erwähnt, die akustische Lautübertragung und der Vergleich mit dem Telefon. Um dem Babyphon näher auf die Schliche zu kommen, sollen im Folgenden zu jeder dieser Eigenschaften einige Anmerkungen gemacht werden. Am Anfang stehen die Geräusche.

Hungergebrüll – Einschlafzetern – Wehgeschrei
Das Weinen als erste menschliche Lautäußerung

In aller Regel dient ein Babyphon dazu, das Weinen oder Schreien eines Kindes zu übermitteln. Was also in der Brockhaus-Definition als „Geräusche" bezeichnet wird, beschreibt im Grunde genommen eine ganz bestimmte Akustik, nämlich das kindliche Schreien. Dieses kann als erste kommunikative Lautäußerung eines neugeborenen Menschen beschrieben werden. Rousseau hat es auch als erste Sprache des Menschen bezeichnet.[37] Doch ist es nicht Wort, sondern eruptive und unkontrollierte Lautäußerung und somit auch Ausdruck von kindlicher „Andersartigkeit"[38]. Indem das Kind schreit, drückt es „seine Wünsche und Bedürfnisse, aber auch sein Unbehagen und seinen Schmerz aus", formuliert der Schweizer Psychoanalytiker Franz Renggli. „Es erfüllt kommunikative Zwecke und ist zunächst fast die einzige Möglichkeit zum Ausdruck von Unmut [...], Hunger oder Schmerz."[39] Demgegenüber erklärt die amerikanische Entwicklungspsychologin Aletha J. Solter, dass das Weinen bei Neugeborenen nur zu ungefähr einem Drittel mit einem akuten Grund zusammenhängt. Eltern unterlägen ihrer Ansicht nach einem „schwerwiegende(n) Irrtum", gingen sie davon aus, „daß jedes Weinen ein direktes Bedürfnis anzeigt"[40]. Welche der beiden Ansichten nun richtig oder falsch ist, darüber können vermutlich nur jene entscheiden, die das Schreien täglich exerzieren – die Kinder selbst.

Was jedoch als gesichert gilt, ist die Tatsache, dass Schreien ein Mehrzweckverhalten ist und es folglich verschiedene Arten des Schreiens gibt. So ist das Weinen eines Neugeborenen in Intention und Intonation gewiss zu unterscheiden von dem zornigen Schreien eines dreijährigen Kindes bei einem Wutausbruch. In seinem Buch „Bekenntnisse eines Säuglings" beschreibt der Journalist und Vater Kester Schlenz fünf Arten des Schreiens, darüber hinaus gibt es freilich etliche mehr: „1.) das Modell ‚Sirene' – lang anhaltendes, helles, lautes Heulen, kurz unterhalb der Ultraschall-Frequenz. Gut einsetzbar bei nächtlichem Alleinsein oder starkem Hungergefühl. 2.) das Modell ‚Vesuv' – eruptives, für die Eltern völlig überraschendes, explosionsartiges Losbrüllen. Gut geeignet, wenn einem zu viele Besucher auf den Senkel gehen oder man einfach mehr Aufmerksamkeit möchte. 3.) das Modell ‚Geiselhaft' – leises, unterdrücktes Wimmern, knapp oberhalb der elterlichen Hörgrenze. Wenn sie dann endlich wach geworden sind, eilen sie wie entfesselt herbei und haben ein tierisch schlechtes Gewissen, weil sie denken, man habe schon die halbe Nacht wie ein Gefangener in der Einzelzelle vor sich hingejammert. 4.) das Modell ‚trauriger Clown' – für Fortgeschrittene. Schwierig, aber stets wirkungsvoll. Der Witz ist hier, vom giggernden Lachen übergangslos wie auf Knopfdruck in ein jämmerliches Geheul umzuschalten. Sorgt immer für völlige Fassungslosigkeit bei den Erwachsenen. Stets wird ein Schuldiger gesucht, weil Baby doch eben noch ‚so gut drauf war'. Eine gute Waffe, um große Geschwister zu diskreditieren. 5.) das Modell ‚Bambi' – das ist die hohe Schule. Man guckt ganz süß, zieht unversehens die Mundwinkel nach unten, drückt ein paar Tränen raus und holt stoßweise Luft durch die Nase ein. Das macht sie alle fertig!"[41]

Aufruf an die Leser der Ratgeberzeitschrift „Junge Mutti", 1971.

In den Rubriken der Fachzeitschriften sprachen sich die vermeintlichen Autoritäten für einen rigorosen Umgang mit dem schreienden Kind aus.

Unsere Kinderschwester rät

Die Nacht ist nicht zum Brüllen da

Wie Schlenz' Ausführungen deutlich machen, reagieren die Betreuungspersonen je nach Art des Schreiens, seiner Intensität und Ausführung jeweils unterschiedlich. Doch nicht immer handeln die Eltern derart spontan und unüberlegt. Vielmehr ist gerade die Frage nach den angemessenen elterlichen Reaktionsmöglichkeiten ein Thema, das die Gemüter bewegt und zu andauernden Diskussionen führt. So ist das Schreien nicht nur Gesprächsstoff bei jungen Eltern. Auch Pädagogen, Psychologen, Journalisten und Ärzte nehmen sich immer wieder des Themas an.

Zahlreiche Artikel in einschlägigen Zeitschriften belegen, wie sich die Empfehlungen der Fachleute über die vergangenen sechzig Jahre hinweg verändert haben. Einhellig verweisen die Experten zwar immer wieder auf die Ursachen des kindlichen Weinens. Hunger, Schmerzen, Koliken, Müdigkeit, Angst und Wut zählen hierbei zu den am häufigsten genannten Gründen. Die Hinweise und Ermahnungen aber, wie Eltern auf das Schreien am besten reagieren sollen, unterschieden sich in den 50er und 60er Jahren recht deutlich von heute empfohlenen Maßnahmen. Nach dem Motto „Tyrannen werden erzogen – nicht geboren"[42] rieten die Autor/innen in früheren Jahren noch zu Standhaftigkeit und Härte im Umgang mit dem schreienden Kind. Liegt der Nachwuchs ohne ersichtliche Beschwerden weinend im Bett oder ist es ihm womöglich schon „zur Gewohnheit" geworden, seine Eltern „nachts grundlos ‚herbeizuschreien'"[43], solle man das Baby auf keinen Fall aus „falschem Mitleid"[44] in den Arm nehmen. „Lassen Sie den kleinen Schreihals ruhig brüllen"[45], lautete zu jener Zeit die Devise. „Denn hat ein Kind erst einmal die Erfahrung gemacht, daß es durch anhaltendes Schreien Vater und Mutter herbeizwingen kann, so ist der erste, sehr ernste Erziehungsfehler vorgekommen."[46] Um sich vom nächtlichen Gebrüll nicht unnötig wecken zu lassen, wird den Eltern nahe gelegt, sich „Wachs oder Watte in die Ohren"[47] zu stecken.

Die Vorstellung, dass eine solche Empfehlung tatsächlich in die Praxis umgesetzt wurde, lässt Eltern mit heutigen Erziehungsmaßstäben einen Schauer über den Rücken fahren. Denn so, wie sich die Auffassungen von einer angemessenen Körpernähe zwischen Eltern und Kind wandelten, veränderten sich auch die Meinungen über das Schreien. Eine gegensätzliche Anschauung bahnte sich Mitte der 70er Jahre ihren Weg: „Viele Mütter glaubten, ‚man müsse ein Baby weinen lassen, um ihm das Weinen als Erpressungsmittel so schnell wie möglich abzugewöhnen', sagte kürzlich die englische Psychologin Dr. Mary Ainsworth. Sie ist gegenteiliger Ansicht: Auf Grund eingehender Studien will sie herausgefunden haben, daß Babies, deren Mütter bei jedem Weinen sofort zur Stelle waren, bereits nach wenigen Wochen etwa um die Hälfte weniger weinten als die anderen. ‚Sie hatten gelernt, ihre Wünsche auf individuellere Weise zu äußern, etwa durch Stirnrunzeln.'"[48] Anfänglich noch mit vorsichtiger Zurückhaltung formuliert, etablierte sich die Erkenntnis der Fachfrau auch im Alltag. Das weinende Kind rasch zu umsorgen, liebe- und verständnisvoll auf es einzugehen, galt nunmehr als richtiges Elternverhalten. Auf gar keinen Fall dürfe ein „Kleinkind vergeblich nach der Mutter schreien"[49].

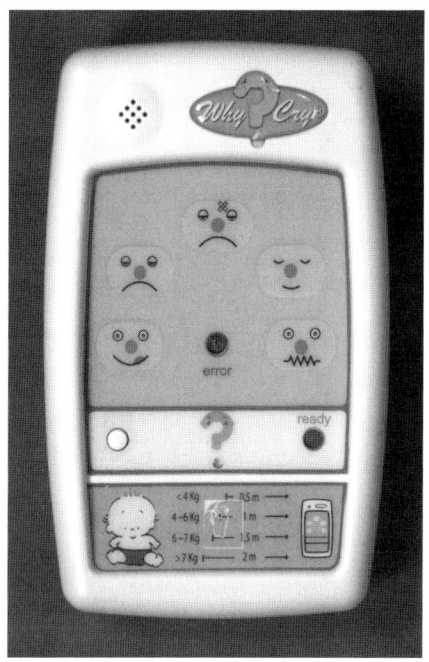

2004 von der Firma Reer entwickelt, ist der „Why Cry" eine Übersetzungsmaschine für das kindliche Weinen.
Auf der Rückseite des Gerätes finden sich Hinweise zu den verschiedenen „Symptomen". Zum Beispiel heißt es unter „Hunger": „Energische und fordernde Schreie in tiefer Tonlage" – und der „praktische Ratschlag" dazu lautet: „Geben Sie dem Baby das Fläschchen, oder die Brust; überprüfen Sie den Durst."

Dass das Schreien nach wie vor ein viel diskutiertes Thema ist, zeigen zahlreiche, auch jüngere Publikationen. So findet sich noch heute in nahezu jedem Ratgeber zur Kinder- und Säuglingspflege mindestens ein (zumeist recht umfangreiches) Kapitel über das Schreien. Sogar ganze Bücher widmen sich der Thematik, wie beispielsweise das der Psychologin Christine Rankl mit dem Titel: „So beruhige ich mein Baby. Tipps aus der Schreiambulanz". Wie der exemplarisch ausgewählte Buchtitel nahe legt, möchten die Autor/innen den scheinbar ratlosen Eltern helfen und beiseite stehen und sie anleiten zum richtigen Umgang mit ihren schreienden Babys.

Eine neuere recht ungewöhnliche Methode, Eltern bei ihrem persönlichen Schreimanagement behilflich zu sein, ist der „elektronische Babygeschrei-Dolmetscher"[50], „Why Cry" genannt. Kurz nach Schrei-Beginn zeigt ein Display das jeweilige Symbol für die mögliche Ursache des Weinens an. Laut Herstellerangaben hilft „Why Cry" den Eltern, ihr Kind besser zu verstehen. Das Kind, so wird argumentiert, könne entsprechend behandelt und somit in seiner Entwicklung gefördert werden. Umgehend und vermeintlich richtig auf das Kinderschreien zu reagieren, soll also nicht mehr nur ein physisches oder seelisches Bedürfnis befriedigen. Behauptet wird, dass die Eltern die „intellektuellen Fähigkeiten" des Kindes sowie dessen Sicherheitsempfinden beeinflussen und fördern können, wenn sie das Weinen richtig übersetzen und angemessen darauf reagieren – das technische Gerät kommt hier zur Hilfe.

Zwar bleibt fraglich, ob ein elektronischer Schreiübersetzer tatsächlich dem elterlichen Verständnis zuträglich ist. Dennoch spiegelt der „Why Cry" – ähnlich wie die umfangreiche Ratgeberliteratur – wider, dass einige Eltern im Umgang mit ihren schreienden Kindern recht unsicher sind und entsprechende Hilfe oder Bestätigung suchen. Bis in die 60er Jahre war man fest davon überzeugt, dass Schreien der Entwicklung des Kindes förderlich ist, weil es die Lungen kräftige und die Stimme stärke.[51] Heutige Mütter und Väter gehen völlig anders damit um.

Das Babyphon unterstreicht diese Trendwende, macht sie sich gewissermaßen zunutze. Schließlich dient es Eltern dazu, das Schreien ihres Kindes umgehend zu bemerken, um entsprechend darauf eingehen zu können. In diesem Sinne bringt das technische Artefakt ein besonderes Verständnis vom Schreien zum Ausdruck: Für Eltern und andere Aufsichtspersonen stellt es einen unmittelbaren Handlungsappell dar, der augenblicklich wahrgenommen und gegebenenfalls befolgt wird – durch Wiegen, Wickeln, Stillen oder Schnuller-Geben.

Indem die Eltern das Kind schnell zu besänftigen versuchen, ist zugleich eine Art Soll-Zustand beschrieben, wonach das Kind möglichst ruhig sein soll. Das Weinen weicht so gesehen vom erwünschten Verhalten ab. Viele Erwachsene können das Schreien eines Kindes nur schwerlich ertragen und seine Akustik kaum aushalten, ohne etwas dagegen zu unternehmen. Die Ursachen für die elterliche „Intoleranz" und die raschen Beruhigungsversuche sind Indizien für die Nöte der Erwachsenen – nicht nur im Umgang mit dem Kind, sondern auch mit eigenen schmerzvollen Erfahrungen. In der Annahme, dass das kindliche Weinen tiefgreifende Ohnmachtsgefühle und Ängste wachruft, dienen die viel beschworenen und allerorten praktizierten Beschwichtigungsmanöver letztlich der Verdrängung und Unterdrückung eigener Leidenserfahrungen.[52]

Hier wohnt…
Zur Separierung der kindlichen Wohnwelt

In der eingangs erwähnten Brockhausdefinition wird das Babyphon als Inventar dem häuslichen Kinderzimmer zugeordnet. Der Begriff Kinderzimmer meint einen „Raum innerhalb einer Wohnung" oder eines Hauses, „der in seiner Nutzung speziell den Bedürfnissen von Kindern […] angepasst ist. In seiner Funktion ist ein Kinderzimmer sowohl Schlaf- als auch Wohnzimmer. Ebenso bedeutsam ist seine Funktion als Spielzimmer und sozialer Rückzugsort"[53] – soweit die Definition.

Blicken wir kurz auf die jüngere Geschichte des Kinderzimmers: Bis 1950 war es noch „selten in deutschen Wohnungen vorhanden"[54]. Vielmehr galt es bis dato als Privileg einer „besitzbürgerlichen Oberschicht"[55]. Nach 1950 bot unter anderem der soziale Wohnungsbau „Wohnungstypen" an, „die mit separaten Kinderschlafräumen ausgestattet"[56] waren. Zwar wurden und werden Kinderzimmer im Vergleich zu anderen Wohnräumen vielfach sehr klein bemessen – ein Umstand, der häufig beklagt wird[57]. Jedoch gehört das Kinderzimmer seither immer mehr zum allgemeinen Wohnstandard. Schließlich sollte das Baby „so früh wie möglich – spätestens im vierten oder fünften Monat – sein eigenes Zimmer haben"[58], um ungestört und in Ruhe schlafen zu können. Außerdem musste es „lernen, allein zu sein", drohte es doch ansonsten zum „kleinen Tyrannen" zu werden[59].

Seit den 70er Jahren hat sich zudem „in breiten Schichten die Vorstellung durchgesetzt, dass alle Kinder ein eigenes Zimmer haben sollen."[60] Dass diese Überlegung bei einer großen Mehrheit realisiert worden ist, belegt eine Studie der Kulturwissenschaftlerin Jutta Buchner-Fuhs aus dem Jahre 1998. Der zufolge verfügen 84 Prozent der Heranwachsenden im Westen Deutschlands und 74 Prozent im Osten über ein eigenes Zimmer, das nicht mit Geschwisterkindern geteilt wird.[61] Damit aber nehmen die „Isolation" und „Abkapselung" der Kinder von den übrigen Familienmitgliedern stark zu[62]. Waren Kinder im 18. und 19. Jahrhundert noch weitestgehend in den Wohn- und Lebensbereich der Erwachsenen integriert, wird ihnen im Verlauf des 20. Jahrhunderts ein eigener Raum zugestanden. Das Kinderzimmer ist nicht mehr nur ein erstrebenswertes Ideal. Es ist vielmehr weitgehend Realität geworden und spiegelt die elterliche Wahrnehmung des Kindes als eigenständiges Wesen mit individuellen Bedürfnissen wider. Eine Vielzahl werdender Eltern ist heutzutage bemüht, ihren Kindern möglichst von Geburt an einen eigenen Raum einzurichten[63] – anfänglich mit Wickelkommode und Kinderbett, später mit Spielgelegenheiten, Tisch und Stühlen. Auch wenn das Neugeborene zunächst meist im elterlichen Schlafzimmer untergebracht wird, das Kinderzimmer steht vielfach von Anfang an bereit und deutet schon die bevorstehende Trennung an. Wie die amerikanische Anthropologin Robbie E. Davis-Floyd in ihren Untersuchungen zu westlichen Geburtspraktiken herausgefunden hat, betrachten viele Frauen ihre Kinder „schon in der Gebärmutter als separate Wesen"[64], verbunden lediglich durch mechanische Vorgänge und organische Werkzeuge. Im Kinderzimmer gewinnt die Vorstellung vom Kind als eigenständige Kreatur dann „nach der Geburt geografische Realität"[65].

Das Babyphon wiederum dient dazu, dieser räumlichen Parzellierung und damit auch der körperlichen Separation funktechnisch entgegenzuwirken. Nur unter der Bedingung einer örtlichen Distanz zwischen Eltern und Kind macht seine Verwendung überhaupt Sinn. Das Babyphon „hat den Vorteil, dass man das schlafende Kind alleine im Zimmer lassen kann und trotzdem sofort hört, wenn das Kind wach ist und weint."[66] Das Verpackungsdesign des Herstellers Vivanco veranschaulicht dies sehr eindringlich.

Auch die Einrichtung des Kinderzimmers rückte seit den 70er Jahren zunehmend in den Fokus elterlicher Bemühungen.

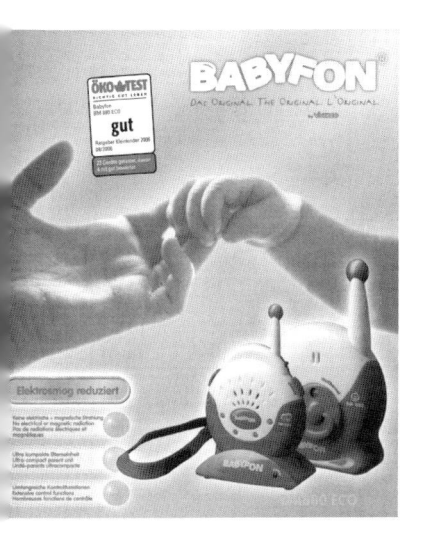

Der Babyphonproduzent Vivanco verwendet die Geste der Handreichung sinnbildlich für die Verbindung zwischen Eltern und Kind. Als Vorlage könnte das berühmte Michelangelo-Fresko gedient haben.

Zu sehen ist eine Erwachsenenhand und die eines Kindes. Die kindlichen Finger greifen nach der größeren Hand und versuchen, sich an dieser festzuhalten. Die nach oben geöffnete Hand signalisiert indes, dass sie sich zurückzieht. Fast scheint es, als entgleite sie dem kindlichen Zugriff. Körperkontakt und Loslösung, Gemeinschaft und Trennung werden in den beiden sich berührenden Händen stilisiert.[67] In diesem Sinne erinnern sie auch an die Schöpfungsgeste bei der „Erschaffung Adams". Wie in Michelangelos Fresko ist auch hier eine liebevolle, zärtliche und fürsorgliche Berührung dargestellt, die sich gerade aufzulösen scheint. An die Stelle der körperlichen Verbindung treten nun die beiden Babyphon-Einheiten. Die Aussage ist klar: Das technische Artefakt verbindet. Als Kontaktelement zwischen Kinderzimmer und elterlichem Schlaf- oder Wohnzimmer, zwischen Eltern und Kind soll es gewissermaßen die räumliche und körperliche Distanz kompensieren.

Bei Anruf Kinderschreien
Ein Vergleich von Telefon und Babyphon

Bemerkenswerterweise hat der US-Telefon-Konzern AT&T mit einem vergleichbaren Argument für das Telefonieren geworben. „Reach out and touch someone" („Streck deine Hand aus und berühre jemanden") war die Parole, mit der AT&T die Menschen zum Telefonieren bewegen wollte.[68] Was während des Telefonierens gar nicht vorhanden ist, die körperliche Berührung zwischen beiden Gesprächsteilnehmern, wird als Synonym für die rein akustische Verbindung verwendet, die dennoch Nähe und Vertrautheit herzustellen vermag.

Doch der Vergleich hinkt. Denn während die Akustik beim Telefonieren in beide Richtungen übertragen wird, verläuft sie beim Babyphon eingleisig. Zudem wird beim Babyphon in aller Regel lediglich das Schreien eines Kindes übertragen, währenddessen beim Telefon zumeist ein bewusster Informationsfluss zustande kommt. Auch würde man das Schreien eines Babys nie unerwidert lassen, was bei dem einen oder anderen Telefonanruf durchaus der Fall sein kann.

Bei allen Widersprüchlichkeiten, und davon gibt es gewiss noch mehr, lassen sich aber auch zahlreiche Gemeinsamkeiten entdecken. Vergleicht man etwa die Geschichte beider Übertragungsgeräte, so fällt auf, dass sich ihre jeweilige Nutzung von einer industriell-gewerblichen Verwendung hin zum privaten Einsatz vollzog.[69] War ein entscheidender Grund zur Anschaffung eines Telefons (oder später eines Handys) die Möglichkeit zur „schnelleren Benachrichtigung in Notsituationen"[70], so trifft dies im übertragenen Sinne auch auf das Babyphon zu. Denn gerade angesichts der Debatte um den Plötzlichen Kindstod legt ein gewisses Sicherheitsbedürfnis bei vielen Eltern den Grundstein dafür, ein Babyphon zu benutzen.

Abgesehen davon wandelten sich aber auch die technischen Übermittlungswege beider Kommunikationsmittel in ähnlicher Weise: vom drahtgebundenen Apparat hin zum schnurlosen Minigerät, auf Funk basierend. Und während beim Telefon zum Verbindungsaufbau eine Nummer gewählt werden muss, ist es beim Babyphon ein bestimmter Kanal. Zudem gehört das Babyphon dort, wo Kinder vorhanden sind, vielfach ebenso zur haushaltstechnischen Grundausstattung wie das Telefon.

Die Kundenzeitschrift für die junge Mutter

baby post

„Hier Babywunder"

Babys Badekosmetik • Erziehen Sie Ihr Kind zur Sauberkeit • Bilderbuch der Kinderjahre •

Wenn das Fläschchen nicht mehr ausreicht • Besuch bei der Mütterberatung • Impfkalender

Titelblatt der Zeitschrift „Baby-Post", 1968/69.

Auch in Sachen Werbung fallen bemerkenswerte Ähnlichkeiten ins Auge: Wie Thomas Hengartner in seiner Alltagsgeschichte des Telefons darlegt, richtete sich die Telefonreklame in den 20er und 30er Jahren zunehmend an Frauen und hier insbesondere an Hausfrauen.[71] Das Telefon wurde als „vielseitigste Haushaltungsmaschine"[72] beworben, die „der viel beschäftigten Hausfrau Arbeit, Verlegenheit, Hast und Aufregung"[73] erspart.

Auch in der Babyphon-Werbung stellen Frauen die vorrangige Zielgruppe dar. Immer wieder sind sie in Prospekten und auf Verpackungen abgebildet – beim Lesen einer Zeitung, beim Kaffeeklatsch mit einer Freundin oder bei der Gartenarbeit. Das Babyphon ist immer dabei

> **Unser Babyfon kann telefonieren**

Aus einem Werbeprospekt der Firma Vivanco, um 2000.

– es steht auf dem Tisch, ist am Gürtel befestigt oder hängt um den Hals der Mutter. Die Aussage ist eindeutig: Das Babyphon schafft Freiheiten, insbesondere für die Frau.[74]

In jüngerer Zeit gibt es Babyphone, die „neben den regulären Funktionen [...] eine Telefonnummer Ihrer Wahl anrufen, sobald es Babygeräusche erkennt. Und auch Sie können anrufen, um zu hören, was Ihr Baby macht, und um es mit Ihrer Stimme zu beruhigen."[75] Babyphon und Telefon sind in diesem Fall also direkt aneinander gekoppelt, das Babyphon wird gleichsam zum Telefon und umgekehrt. Zugleich verfügen heutzutage auch manche Telefone über eine integrierte „Babyalarm"-Funktion.[76]

Dass solche Erweiterungen ihre Tücken haben, zeigt ein kleingedruckter Zusatz: „Das Babyphone mit Anruffunktion ist kein Ersatz für die elterliche Betreuung. Entfernen Sie sich nicht zu weit von Ihrem Baby."[77]

Unabhängig und flexibel
Babyphonieren – die große Freiheit
trotz Kind ...?

Der Hersteller Philips warnt im Kleingedruckten, dass man „sich nicht zu weit" von dem Kind entfernen soll, da etwaige Störungen auftreten können, und deutet damit zweierlei an: Indirekt verweist er auf die möglichen Risiken der Babyphonie – auf das technische Versagen. Zugleich erwähnt er deren weiträumige Chancen. Eine Karikatur von Til Mette veranschaulicht dies mit den Mitteln der Satire (siehe Abb. S. 42).

In einem Paradies aus Sand und Palmen begegnen sich zwei Paare. Das eine kommt mit Kindern des Weges, das andere ohne. Eine der beiden Frauen hat ein Kleinkind an der Hand und trägt ein Baby im Arm. Die „kinderlose" Frau dagegen hält ein Paar Schwimmflossen in der Hand und beugt den anderen Arm nach vorn, um so ihr Babyphon zu zeigen. Lächelnd erklärt sie, das Baby zu Hause gelassen und den Baby-Monitor mitgenommen zu haben. Verwundert schauen sie die beiden Angesprochenen an. Obwohl sich beide Paare in einer ähnlichen Lebenssituation befinden – beide haben Kinder, beide sind verreist – gestalten sich ihre Aktivitäten völlig unterschiedlich. Während das linke Paar den Urlaub gemeinsam mit den Kindern verbringt und entsprechende Einschränkungen in Kauf nimmt, hat sich das rechte Paar des Babys vorübergehend entledigt. Anstelle des Kindes haben sie ihr Babyphon dabei. Dieses übernimmt gleichsam die Aufsicht. Was die überhöhte Darstellung sehr prägnant auszudrücken vermag – es ist die Rede von 5000 Kilometern Reichweite! – ist der Wunschgedanke, dass sich menschliche Verantwortung an ein technisches Gerät delegieren lässt.

Karikatur von Til Mette.

Titelseite eines „Babyfon"-Produktkatalogs, um 2000.

Eine Darstellung auf dem Cover eines Werbeprospekts zielt ebenfalls auf diese Idee ab. Zu sehen sind Kopf und Schultern eines Babys. Seine Augen sind weit aufgerissen, die Augenbrauen hat es nach oben gezogen. Die Sprech- oder Gedankenblase „Bitte keine Babysitter!" und das im rechten unteren Bildwinkel abgedruckte Herstellerlogo „Babyfon. Das Original..." vermitteln die Botschaft, dass ein Babyphon die Aufsichtsperson im Grunde ersetzt – in diesem Fall den Babysitter. Die gleiche Aussage verbarg sich auch hinter der Karikatur. Freilich ist der Ersatz eines menschlichen Akteurs durch das technische Gerät nur bedingt realisierbar. Schließlich bedarf es immer noch mindestens einer Person, die das Babyphon abhört und nach dem Kind schaut im Falle, dass es schreit. Dennoch kann das Babyphon sehr wohl elterliche Handlungsspielräume erweitern. Der geografische Radius, in dem sich die Betreuungsperson bewegt, vergrößert sich, daraus ergeben sich zusätzliche Handlungsmöglichkeiten.

Soweit das Funknetz reicht
Kurze Anmerkung zur Reichweite

Abgesehen von Babyphonen mit Telefonanschluss beträgt die Reichweite bei gewöhnlichen Geräten zwischen 70 und 400 Metern. Angaben dazu, über welche Distanz das Babyphon seinen Dienst tut, wie weit seine Sendeleistung reicht, finden sich auf sämtlichen Verpackungen und in Bedienungsanleitungen. Zugleich weisen die Hersteller darauf hin, dass „Hindernisse wie Wände, Decken oder große Objekte" die Reichweite beeinträchtigen[78]. Sie hängt demnach sowohl von der funktechnischen Leistungsfähigkeit des Gerätes ab, als auch von der Umgebung, in der es verwendet wird. Eine Reichweitengarantie gibt folglich kein Hersteller.

Neben den erwähnten Warnhinweisen in Gebrauchsanleitungen und auf Verpackungen finden sich auch an den Geräten selbst Anzeichen dafür, dass die Reichweite – im Gegensatz zur karikaturistischen Darstellung – durchaus begrenzt ist. So werden nahezu alle Geräte mit sogenannten Empfangskontrollleuchten ausgestattet. Neben der optischen Anzeige verfügen verschiedene Babyphone auch über ein akustisches Signal. Falls der Funkkontakt einmal komplett abreißt, gibt das Elterngerät einen Alarmton ab.

Warum diese vielfältigen Kontrollmechanismen? Darin spiegelt sich das Bestreben nach Absicherung und Kontrolle wider, ein gewisses Misstrauen gegenüber der Funktionsfähigkeit des Gerätes, die Angst vor technischem Versagen, vor Funkunterbrechungen und nicht zuletzt die tatsächlich vorhandene örtliche Begrenztheit.

Carpe somnum – Nutze den Schlaf
Zu wiedergewonnenen Handlungsfreiheiten

In aller Regel kommt das Babyphon dann zum Einsatz, wenn das Kind schläft – am Tage wie in der Nacht. Der Sender wird in die Nähe des Kinderbetts gestellt, den Empfänger nimmt die Betreuungsperson mit.

Während das Babyphon auf Sendung ist, gehen die Eltern ihren gewohnten Beschäftigungen nach. Diese reichen von Hausarbeiten bis hin zur (beruflichen) Computerarbeit. Die gewonnene Zeit lässt also vielerlei Betätigungen zu, wobei die üblichen Grenzen verwischen – jene zwischen Arbeit und zu Hause, zwischen Berufstätigkeit und Elterndasein, zwischen Garten und Wohnung, zwischen Innen und Außen.

Dank Babyphon schlüpfen Mütter und Väter in verschiedene Rollen: sie sind aufopferungsvolle Pflegepersonen, stehen zugleich im Erwerbsleben und sind nicht zuletzt Menschen mit eigenen Erholungsbedürfnissen.

Ein Babyphon zu verwenden hat folglich einen haushalts- und arbeitsökonomischen Hintergrund. Ebenso wie bei der geschäftlich verwendeten Wechselsprechanlage geht es darum, Wege zu sparen und effizienter zu arbeiten. Denn in Haus und Garten soll es sauber und aufgeräumt sein, die Kleidung möchte gewaschen, getrocknet, geglättet werden und auch der Kühlschrank verlangt nach regelmäßiger Füllung. Das Kind im Wachzustand gerät dabei schnell zum Störfaktor. Gebührlich kann es die Haushaltsführung auf den Kopf stellen und weiß diese oftmals durch Schreiattacken oder Quengeleien zu unterbrechen. Hilfe verspricht hierbei das Babyphon, zumindest, wenn man den Aussagen der Hersteller glaubt. Zwar taugt es nicht dazu, das unterhaltungs-, trost- oder sonstwie bedürftige Kind zu beschwichtigen. Sehrwohl aber kann es den kindlichen Schlaf begleiten und Eltern dabei unterstützen, zumindest die Schlafenszeit ihres Sprösslings effizient und „gewinnbringend" zu nutzen. So erklärt eine Mutter: „Wer ein Frauenbild hat, in dem die Mutter sich in der Schlafenszeit des Babys gemütlich auf die Couch legt, liegt da total daneben. Bei mir und auch bei anderen Müttern, die ich kenne, ist ein schlafendes Baby ein schrilles Signal für ‚Putz, wasch, bügel und koch endlich'". In diesem Sinne ist das Babyphon nicht nur ein Hilfsmittel in der Haushaltsführung, sondern verkörpert auch eine bestimmte Vorstellung von Zeitorganisation. Zu einem gewissen Grade synchronisiert es die Aufgaben der Kinderbetreuung mit anderen Haushalts- oder Berufsanforderungen, wie eine andere Mutter treffend bestätigt: „Ein äußerst praktisches Gerät, das es einem ermöglicht, sein Kind zu ‚beaufsichtigen' und zur gleichen Zeit andere Dinge zu tun, manchmal auch angenehme, wie zum Beispiel im Garten sitzen".

Das Babyphon wird also nicht nur genutzt, um bestimmte Arbeiten zu erledigen. Auch ist es ein wichtiges Reise-Utensil, das es den Eltern gestattet, sich mal im Biergarten aufzuhalten oder ein Essen im Restaurant um die Ecke einzunehmen. Das gilt natürlich im Urlaub genauso wie zu Hause. Auf solche Weise verwendet, verschafft das Gerät den Betreuungspersonen ein Stück eigene Freiheit und Unabhängigkeit. Vielfach diktiert das Kind, was im Alltag zu tun oder zu lassen ist. Die kindlichen Schlafphasen im Tagesablauf werden nun dank Babyphon zu variablen Zeiteinheiten für die Eltern.

Indem das Babyphon verwendet wird, um „abends zum Beispiel mal zu den Nachbarn zu gehen", ermöglicht es auch soziale Kontakte zu pflegen. Es gestattet aufgrund seiner grenzüberschreitenden Eigenschaften die nachbarschaftliche Beziehungspflege, fühlen sich doch viele Elternteile aufgrund mangelnder beruflicher Einbindungen isoliert und vom „normalen" Tagesgeschehen ausgeschlossen.[79] Gerade Klein- oder Ein-Elternteil-Familien leiden unter der Abgeschiedenheit. Denn während sich die Betreuung zumeist auf eine Person beschränkt, ist diese einen Großteil ihrer Zeit auch noch an Wohnung oder Haus gebunden. Wenn in der näheren, funktechnisch erreichbaren Umgebung Freunde oder Verwandte leben, kann das Babyphon eine wirksame Hilfe gegen die Isolation sein. Während das Kind schläft, werden die Bekannten besucht und damit eine Verbindung „nach außen" hergestellt. Das Gerät trägt folglich auch dazu bei, das Bedürfnis nach Austausch und persönlichem Gespräch zu befriedigen.

Ein Werbespruch der Firma Philips basiert auf der These, dass ein Babyphon auch hilft, Beziehungen innerhalb der Familie zu pflegen und zu gestalten – beispielsweise zwischen den beiden Elternteilen: „Nichts bereitet Ihnen mehr Wohlbefinden als zu wissen, dass Ihr Kind wohlbehalten in seinem eigenen Bettchen schläft. Dann haben Sie endlich einmal Zeit für sich selbst, zum Entspannen oder füreinander."[80] Das Leben mit Kind bringt ein bis dahin ungekanntes Arbeitspensum im Erziehungs- und Arbeitsbereich mit sich, das die eigentliche Paarbeziehung empfindlich einschränken kann. Da sich die Zweisamkeit auf jene Zeiten reduziert, in denen das Kind abwesend ist oder schläft, macht sich das Babyphon zumindest während der kindlichen Schlafphasen als technischer Helfer nützlich, gibt den Eltern ein Stück ihrer Intimsphäre zurück. Für die dauerhafte familiäre Harmonie sind solche Momente der Zweisamkeit sicher eine Grundvoraussetzung. Die Mutter eines 3 1/2 Monate alten Babys beschreibt diese Situation sehr treffend: „Seit wir dieses Babyphon haben, schließen wir wieder die Schlafzimmertür und sind so auch mal recht ungestört, soweit man das mit einem Kleinkind sein kann."

Nicht zuletzt vertrauen manche Eltern den Empfänger (und damit ihr Kind) gelegentlich einer Nachbarin oder einem Nachbarn an, sodass diese reagieren können, derweil Mama und Papa selbst etwas unternehmen. Doch setzt eine solche Verwendung voraus, dass man bereit ist zu vertrauen und Kontrolle abzugeben. Denn die eigentliche Überwachung und Betreuung des Kindes wird dabei jemand anderem überlassen. Zudem müssen die Nachbarn als beteiligte Dritte gewillt sein, die Betreuungsaufgabe für eine gewisse Zeit zu übernehmen. Notwendig ist folglich ein beidseitiges Vertrauensverhältnis sowie nachbarschaftliche Hilfsbereitschaft. Ist diese nicht vorhanden oder fehlt womöglich der nachbarschaftliche Kontakt, können alternativ Geschwisterkinder oder andere Babysitter die Betreuungsdienste übernehmen. Wie sonst die Eltern unterstützt ein Babyphon bei Bedarf auch die bereitwilligen Helfer bei ihren Aufsichtspflichten.

Beschreiben die bislang erwähnten Nutzungen einen recht gewöhnlichen Umgang mit dem Babyphon, lassen sich auch einige ganz unkonventionelle Einsatzmöglichkeiten finden. Denn es dient keineswegs nur zur Überwachung des kindlichen Schlafes. So wie der heimische Computer zunächst für Bildungszwecke gekauft und nachfolgend als Spielmaschine verwendet wird[81], wandeln sich zuweilen auch die Funktionen des Babyphons während seiner Lebensdauer. Etwa dann, wenn das Gerät als Verstärker für die Haustürklingel fungiert, wenn es bei der Betreuung eines pflegebedürftigen Menschen oder zur Überwachung des Kellers eingesetzt wird. Auch als „Haustelefon" oder „Handfunke" tut das Babyphon in einigen Familien seinen Dienst.

Seine Besitzer funktionieren es dazu auf recht eigensinnige und kreative Weise um. Herausgelöst aus seinem eigentlichen, vom Hersteller vorgesehenen Aufgabenbereich, wird das Babyphon mit völlig neuen Bedeutungen versehen. So kann es sich im Laufe seines Lebens vom Kontrollmedium hin zum Kommunikationsmittel wandeln.

Sofern das Babyphon ordnungsgemäß funktioniert, beschreiben es die meisten Eltern als äußerst praktisches Gerät, an das man sich offenbar schnell gewöhnt, wie die Schilderung einer Mutter beispielhaft zeigt: „Wer braucht denn so was, dachte ich und wurde schnell eines Besseren belehrt! Für uns ist das Babyphon ein notwendiger Bestandteil unseres täglichen Lebens geworden." Als besondere Vorteile der Babyphonie werden Flexibilität und Mobilität genannt. Aber auch eine gewisse Sorgenfreiheit und Sicherheit – im Umgang mit dem Kind und in der eigenen Lebensgestaltung. Ein Elternteil berichtet beispielsweise: „Durch das Philips Babyphone kann ich konzentriert arbeiten und weiß, daß ich meiner Tochter immer zur Seite stehen kann, wenn sie mich braucht."

Dass dem Babyphon vielfach eine entlastende Funktion zugeschrieben wird, heißt im Umkehrschluss, dass das Leben mit Kindern häufig als einschränkend, unflexibel und sorgenvoll empfunden wird. Der Titel einer Babyphon-Werbebroschüre der Firma Philips unterstreicht dies: „Gemeinsam Sorge tragen" ist auf dem Cover zu lesen.

Die Ursachen für eine solche Wahrnehmung der eigenen Situation sind vielschichtig: Da wäre das Leben in der Kleinfamilie zu nennen,

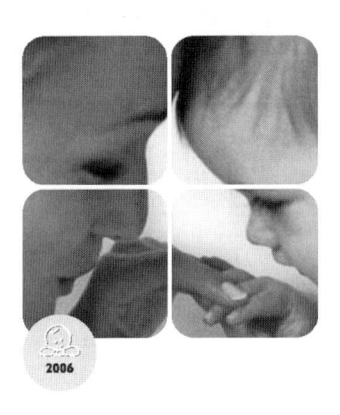

Gemeinsam Sorge tragen

Babybetreuung – eine sorgenvolle Aufgabe?

„die Reduktion der Familie auf die Kernfamilie"[82] und die damit verbundene alleinige Verantwortung der Eltern (vielfach auch nur der Frauen[83]) für das Kind. Probleme bereitet auch die nach wie vor geringe öffentliche Unterstützung bei der Kinderbetreuung[84] sowie die zunehmende Flexibilisierung der Arbeitsmärkte und Arbeitszeiten. All das macht es immer schwieriger, Familie und Beruf zu vereinbaren. Berufs- und Familienalltag verlangen danach synchronisiert zu werden, erfordern ein gutes Zeitmanagement und werden mehr noch als bisher „zu einer permanenten Koordinationsaufgabe"[85].

Zudem haben sich in den letzten 30 Jahren die Erziehungsstile und -investitionen erheblich gewandelt. Zielte die elterliche Betreuungsarbeit früher noch primär darauf ab, Kindern ein tugendhaftes Benehmen angedeihen zu lassen (Ehrlichkeit, Sauberkeit, Gehorsam), so dominiert nunmehr das „Ideal des autonomen, verantwortlichen und reifen Individuums"[86] die häusliche Erziehungsarbeit. Eltern müssen gegenwärtig „mit dem Anspruch umgehen, ihre Kinder ‚optimal' zu fördern. Aufgrund dieser Vorstellungen [...] sind die ökonomischen Aufwendungen und der zeitliche Umfang, den Eltern mit ihren Kindern verbringen, stark gestiegen".[87] Der herausragende ideologische Stellenwert des Kindes[88] und die erhöhten Leistungserwartungen besonders an die Mütter[89] tragen letztlich dazu bei, dass das Leben mit Kindern von vielen Eltern als Belastung wahrgenommen wird – wenn auch nicht ausschließlich, so doch häufig.

Nicht zuletzt ist die Geburt eines Kindes, zumal des ersten, eine entscheidende Wendemarke in den elterlichen Biografien. Während die Pflege und Versorgung eines Babys insbesondere für Frauen eine „radikale Umstellung aller Lebensgewohnheiten"[90] mit sich bringt, gestattet das Babyphon zumindest eine zeitweilige Loslösung aus der Rund-um-die-Uhr-Betreuung.

Will man den Reklamesprüchen der Babyphonindustrie glauben, hat diese es sich zur Aufgabe gemacht Eltern zu entlasten. Zumindest fand sie darin einen beachtlichen Markt. Ihren Zielpersonen – den Eltern, werdenden Eltern und Großeltern – wollen die Hersteller dabei glauben machen, dass das Babyphon eine unerlässliche Alltagshilfe ist. Auch viele Babyphonierer sehen das so. In zahlreichen Erfahrungsberichten ist die Rede davon, dass man sich mit Hilfe des Babyphons „uneingeschränkt im ganzen Haus und Garten bewegen", beruhigter und schneller seinen Tätigkeiten nachgehen kann. In diesem Sinne ist das Babyphon Ausdruck eines nach Unabhängigkeit strebenden Lebensstils. Und auch, wenn ein Gerät wie das Babyphon niemals in der Lage ist, den Eltern diejenigen Handlungsspielräume zurückzugeben, die sie vor der Geburt ihres Kindes hatten, passt es sich hervorragend ein in das „Denk- und Glaubenssystem der technischen Machbarkeit"[91]. Wie trügerisch dieses sein kann, zeigt ein Gedicht des „Titanic"-Redakteurs Thomas Gsella[92]:

Wenn nicht länger schenkt des Mondes.

Kaum erreich' ich mit der Lieben
nachts die dunkle Kneipentheke,
zwingt uns heim der holden Tochter
helles Babyphongequäke.
Wenn nicht länger schenkt des Mondes
dunkle Stunde helle Wonne,
trinken wir – o holde Einsicht! –
ab sofort bei Tagessonne.

Eltern ganz Ohr
Von elterlichen Ängsten und Kontrollvorstellungen

„Väter und Mütter kennen die Angst, dass ihrem Kind etwas zustoßen könnte."[93] Dieser Satz leitet einen im Mai 2007 veröffentlichten Artikel der VDI-Nachrichten ein, einer Zeitung des Vereins Deutscher Ingenieure. Unter der Überschrift „Technische Kinderhüter" werden darin verschiedene Geräte zur Überwachung und zum Schutz von Kindern vorgestellt. Sie reichen vom Kinderhandy mit Ortungssystem über Funkrauchmelder fürs Kinderzimmer bis hin zur Sensormatte, die, platziert unter der Matratze des Kinderbettes, den Atemrhythmus des Kindes kontrolliert. Auch ein Babyphon mit Videoüberwachung, „Multifon" genannt, und eines mit Telefonanschluss zählen zu jenen Neuheiten, die Eltern Sicherheit und den Kindern Schutz versprechen. Doch gehen die technischen Neuerungen noch viel weiter: Ob Auto- oder Fahrradsitz, ob Steckdosensicherung, Treppen- oder Herdschutzgitter – für jede Lebenslage gibt es entsprechende Sicherungssysteme. Selbst vor der kindlichen Unterwäsche machen sie nicht Halt: Zum Zwecke der nächtlichen Reinlichkeitserziehung können beispielsweise Alarmgeräte in den Schlüpfer eingesetzt werden. Beim Austreten von Flüssigkeit soll das Kind durch ein akustisches Signal geweckt und zum Gang auf die Toilette bewegt werden.

Das Babyphon fügt sich also in ein umfangreiches Arsenal aus unterschiedlichsten Kontroll- und Schutzinstrumenten ein. Welche davon wirklich sinnvoll sind und welche eher in die Kategorien kurios oder abenteuerlich fallen, bleibt dem persönlichen Geschmack, Bedarf und Technikglauben der Kunden überlassen. Das Babyphon gehört erwiesenermaßen zu den Geräten, die den Eltern Freiheiten verschaffen, es erfüllt aber auch wie zahlreiche andere Geräte Überwachungs- und Kontrollfunktionen. Dabei kennt die apparative Vielfalt keine familiären Grenzen, der Einsatz reicht hinein bis in Kinderkrippe, Kindergarten, Schule und Kinderarztpraxis.

So gibt es insbesondere auf dem Gebiet der Medizin zahlreiche Praktiken und technische Verfahren, die das menschliche Leben in seinen verschiedenen Entwicklungsstadien überwachen helfen – von der Wiege bis zur Bahre, von der Befruchtung bis zum Tod. Gerade Kinder und Ungeborene unterliegen dabei einem strengen Untersuchungsplan.

Mittels Ultraschall und Cardiotokographie (CTG), mittels der Kinderuntersuchungen U1, U2, U3 ... wird ihre Entwicklung von medizinischer Warte aus regelmäßig kontrolliert und mit festgelegten Normwerten verglichen: Stimmt die Relation von Kopfumfang und übrigen Körpermaßen? Passen Körpergewicht und Körpergröße zum erreichten Alter des Kindes? Entsprechen kognitive wie sensorische Fähigkeiten dem „normalen" Entwicklungsstand?[94]

Doch nicht nur die körperliche und geistige Entwicklung von Kindern wird hierzulande sehr genau in Augenschein genommen. Auch in anderen gesellschaftlichen Zusammenhängen kann beobachtet werden, wie Menschen mit Hilfe technischer Systeme zunehmend überwacht werden: auf der Straße, in der U-Bahn, am Arbeitsplatz, beim Einkauf, im Flugverkehr, beim Telefonieren, am heimischen Computer. In nahezu jedem Lebensbereich haben sich Überwachungsmethoden etabliert, werden personenbezogene Daten erhoben, gespeichert und gegebenenfalls auch weiterverarbeitet. Da vielfach weder die technischen Mittel, noch die Vorgänge dahinter für den Einzelnen durchschaubar sind und damit das Recht auf informationelle Selbstbestimmung verletzt wird, entfachen sich an den neueren Kontrolltechniken heftige Diskussionen. Daten- und Verbraucherschützer warnen vor den gesellschaftlichen Folgen des gläsernen Menschen.

Was aber die einen immer wieder kritisieren und anfechten, nehmen zahlreiche Konsumenten und Bürger sehr bereitwillig an. Zur bequemen Geschäftsabwicklung beim Möbelkauf, zur eigenen Sicherheit oder zum Schutze der Kinder. So gibt es mittlerweile nicht nur in Großbritannien, Japan, den USA und Australien Kindertagesstätten, die mit Videoüberwachungssystemen oder Webcams ausgestattet sind.

Apparativ unterstützte Hör- und Sehtests gehören seit langem zum Programm der Vorsorgeuntersuchungen. Aus der Zeitschrift „Babypost", 1978.

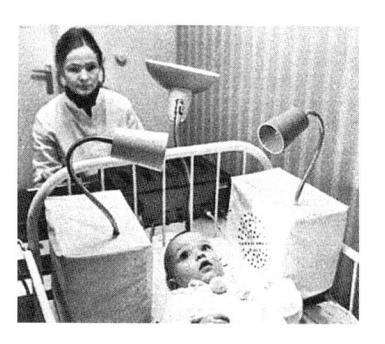

Summi ruft Ihr Kind nach Hause

Das kennt wohl jede Mutter: Das Essen ist fertig, und ihr Sprößling hat auf dem Spielplatz vergessen, daß er eigentlich nach Hause gehen sollte. Mit Summi löst sich das Problem von selbst. Der neuartige farbenfrohe Kurzzeitwecker meldet sich nach einer bestimmten Zeit durch gut hörbares Klingeln und spürbares Vibrieren. Jetzt können sich Eltern darauf verlassen, daß sich ihr Kind nicht mehr „verspielt".

Weniger der elterlichen Überwachung als vielmehr der kindlichen Erinnerung – etwa nach Hause zu kommen – diente dieses Mitte der 8oer Jahre entwickelte Gerät.

Auch im brandenburgischen Neuruppin überwachen Videokameras die Räume einer Kindertageseinrichtung.[95] Aufgezeichnet wird dabei nicht nur, wer den Eingang des Kindergartens passiert. Vielmehr können sich die Eltern Bilder vom Geschehen innerhalb der Betreuungsräume nach Hause oder ins Büro übermitteln lassen. Freilich ist diese Praktik noch eine Ausnahmeerscheinung. Aber auch sie fußt – wie die zuvor genannten Mittel und Methoden – auf dem Prinzip der „kontrollierende[n] Überwachung"[96]. Deren „innerer Mechanik"[97] folgen Ultraschall, Sensormatte und Babyphon, Webcam und Kinderhandy gleichermaßen: Als Erstes werden bestimmte Informationen erhoben. Anschließend findet eine Art systematische Informationsverarbeitung statt und in einem letzten Schritt ist zu entscheiden, ob und in welcher Weise eingegriffen wird.[98]

Alle Geräte und Systeme repräsentieren ein beachtliches Kontrollbedürfnis seitens der Eltern. Sie belegen ihr grenzenloses Vertrauen in objektive Beweismittel und eine gewisse Entfremdung sich selbst gegenüber.[99] Gerade die Angst, dem Kind könne etwas zustoßen, treibt erstaunliche Blüten. Nutznießer dieser Entwicklung ist nicht zuletzt die Babyphon-Industrie. Denn das Babyphon ‚in Reinform' ist noch die harmloseste Variante im Vergleich zu solchen Geräten, die zusätzlich mit Nachtsichtkamera oder einem Thermometer ausgestattet sind, das die Temperatur im Kinderzimmer anzeigt.

Auch die Namen der verschiedenen Hersteller für ihre Produkte verdeutlichen, dass das Babyphon viel mehr ist als ein bloßes Hilfsmittel zur Kinderbetreuung. So lassen sich neben der Bezeichnung „Babyfon", die Gattungs- und Markenname zugleich ist, noch weitere Begriffe finden, mit denen sich die Hersteller voneinander abzugrenzen versuchen. Während der eine aus dem Babyphon einen „Babyruf" macht,

Baby-Wächter
Eine 2-Stationen Sprechanlage, mit der Sie Ihr Baby im Zimmer, im Garten oder auf dem Balkon überwachen können. Sie können das leiseste Geräusch hören und beruhigend zum Baby sprechen. Lautstärke regulierbar, mit Netzanschluß.

69.50

Werbeanzeige in der Zeitschrift „Eltern", 1980.

bezeichnet ein anderer sein Gerät als „Baby-Funküberwachungsset". Wieder andere verwenden Begriffe wie „Babymonitor", „Baby-Handy", „Baby-Wächter", „Funk-Babysitter" oder „Babyüberwachungsgerät". Auch wenn diese Produktbezeichnungen im allgemeinen Sprachgebrauch kaum geläufig sind, beinhalten sie doch alle den Aspekt der Beaufsichtigung und Kontrolle. Diese Namen deuten zudem an, dass

1 Steckdosen-Sicherung – sowie der Stecker herausgezogen wird, verschließt sich die Steckdose automatisch. Diese Steckdosen-Sicherung kann entweder eingeklemmt oder mit der Steckdosenschraube festgeschraubt werden. Aus weißem Kunststoff.
Nr. 273.473.242 10-Stück-Packung nur 8,95
Nr. 277.665.242 20-Stück-Packung nur 16,50

Steckdosen-Sicherung

ab **8,95**

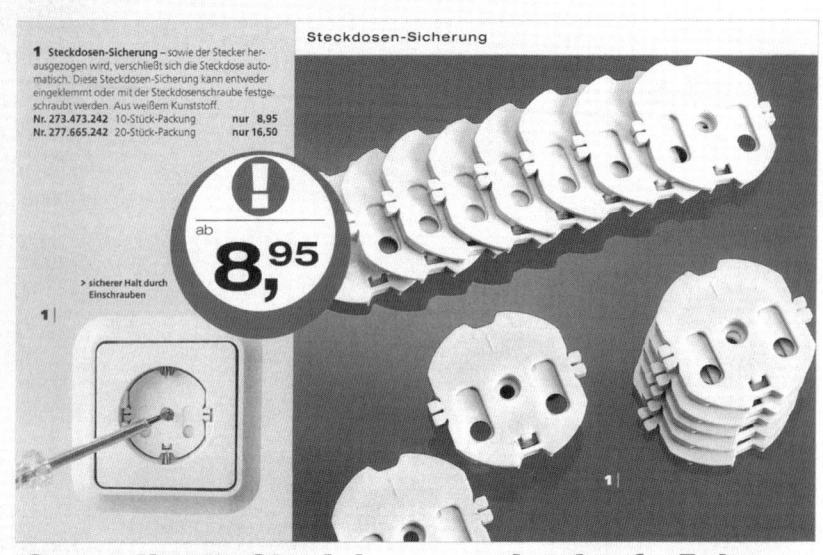

> sicherer Halt durch Einschrauben

So verlieren Steckdosen und scharfe Ecken ihren Schrecken

Damit bei den typischen Erkundungstouren im Krabbelalter weder Fingerchen noch Köpfchen in Gefahr kommen, möchten wir Ihnen auf diesen 2 Seiten tausendfach bewährte Lösungen ans Herz legen: Entschärfen Sie Tisch- und Möbelkanten mit Eckenschützern, schützen Sie Ihren Videorecorder vor dem „mit-dem-Hausschlüssel-gefüttert-werden" und machen Sie unbedingt Ihre Steckdosen kindersicher!

Steckdosen-Schutzkappen

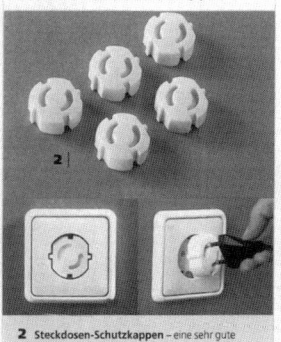

2 Steckdosen-Schutzkappen – eine sehr gute Lösung für Hotelzimmer, Ferienwohnung und daheim, da ohne Kleben und Schrauben einfach einsetzbar und mit Hilfe des Steckers wieder herausnehmbar. Aus Kunststoff. 5 Stück.
Nr. 296.325.242   2,95

Steckdosen-Verschlüsse

3 Steckdosen-Verschlüsse – zum Einkleben. Die Verriegelung löst sich nur, wenn Steckerstifte in die Aussparungen eingesetzt und gedreht werden. Ideal für oft benutzte Steckdosen. LGA Nürnberg/GS-geprüft.
10-Stück-Packung:
3a Nr. 194.484.242 weiß
3b Nr. 259.454.242 transparent   je nur 3,95
20-Stück-Packung – unser Preistipp:
3a Nr. 258.164.242 weiß
3b Nr. 268.062.242 transparent   je nur 6,50

in 2 Farben:
> weiß
> transparent

20 Stück je nur **6,50**

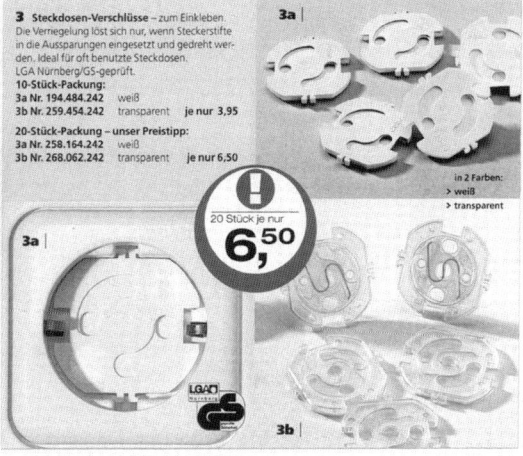

0180 5 334011* · Fax 0180 5 334012* · www.baby-walz.de   *T-Com-Tarif: 12 Cent/Min.

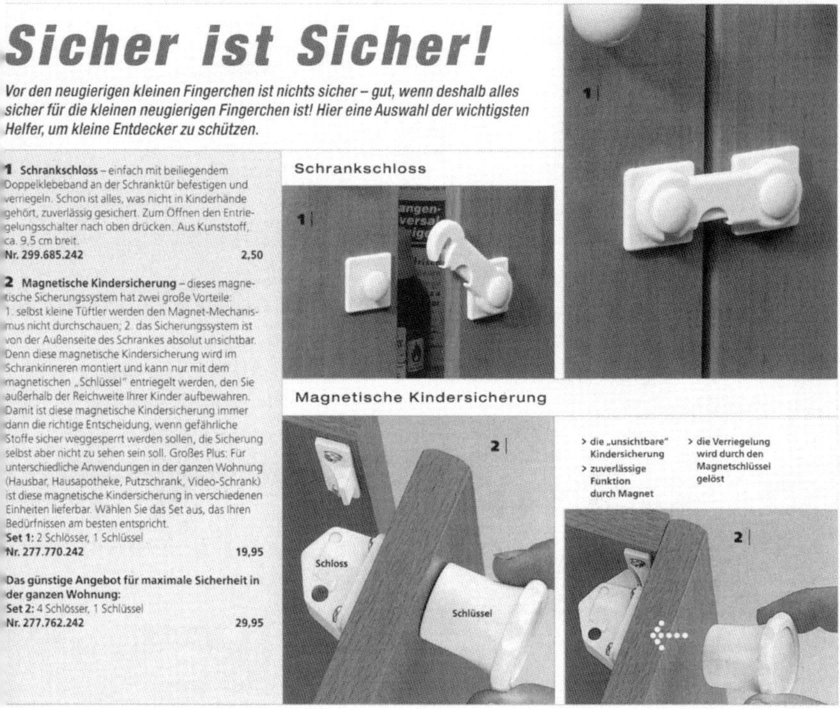

Sicher ist Sicher!

Vor den neugierigen kleinen Fingerchen ist nichts sicher – gut, wenn deshalb alles sicher für die kleinen neugierigen Fingerchen ist! Hier eine Auswahl der wichtigsten Helfer, um kleine Entdecker zu schützen.

1 Schrankschloss – einfach mit beiliegendem Doppelklebeband an der Schranktür befestigen und verriegeln. Schon ist alles, was nicht in Kinderhände gehört, zuverlässig gesichert. Zum Öffnen den Entriegelungsschalter nach oben drücken. Aus Kunststoff, ca. 9,5 cm breit.
Nr. 299.685.242   2,50

2 Magnetische Kindersicherung – dieses magnetische Sicherungssystem hat zwei große Vorteile: 1. selbst kleine Tüftler werden den Magnet-Mechanismus nicht durchschauen; 2. das Sicherungssystem ist von der Außenseite des Schrankes absolut unsichtbar. Denn diese magnetische Kindersicherung wird im Schrankinneren montiert und kann nur mit dem magnetischen „Schlüssel" entriegelt werden, den Sie außerhalb der Reichweite Ihrer Kinder aufbewahren. Damit ist diese magnetische Kindersicherung immer dann die richtige Entscheidung, wenn gefährliche Stoffe sicher weggesperrt werden sollen, die Sicherung selbst aber nicht zu sehen sein soll. Großes Plus: Für unterschiedliche Anwendungen in der ganzen Wohnung (Hausbar, Hausapotheke, Putzschrank, Video-Schrank) ist diese magnetische Kindersicherung in verschiedenen Einheiten lieferbar. Wählen Sie das Set aus, das Ihren Bedürfnissen am besten entspricht.
Set 1: 2 Schlösser, 1 Schlüssel
Nr. 277.770.242   19,95

Das günstige Angebot für maximale Sicherheit in der ganzen Wohnung:
Set 2: 4 Schlösser, 1 Schlüssel
Nr. 277.762.242   29,95

Schrankschloss

Magnetische Kindersicherung

> die „unsichtbare" Kindersicherung
> zuverlässige Funktion durch Magnet
> die Verriegelung wird durch den Magnetschlüssel gelöst

„Sicher ist sicher!" – Aus einem Versandkatalog der Firma Baby-Walz, 2006.
Ob Steckdosensicherung, Blumenerde-Schutzgitter, Laufgurt oder Sicherheitsriegel, ob Treppen- oder Herdschutzgitter – für alle Bereiche des Alltags gibt es heute entsprechende haushaltstechnische Helfershelfer und Sicherungssysteme (siehe auch S. 56/57).

3 Herdschutzgitter mit Schalterabdeckung – die ausführliche Beschreibung dieses Herdschutzgitters finden Sie unter Nr. 2. Stabile Ausführung aus Kunststoff in attraktivem Silber, passend dazu die transparente Schalterabdeckung.
Nr. 299.642.242   29,95

silber

NEU: mit permanenter Schalterabdeckung

Herdknopf-Abdeckungen

4 Herdknopf-Abdeckungen – damit es auf dem Herd keine „heißen" Überraschungen mehr geben kann, einfach die einzelnen Schalter mit den Herdknopf-Abeckungen ausstatten. Ausführung aus transparentem Kunststoff, Ø 6,6 cm. Für fast alle herkömmlichen Gas- und Elektroherde passend. Wichtig: Der Abstand zwischen den Herdknöpfen muss mindestens 8 cm betragen. Nicht für versenkbare Herdknöpfe geeignet.
Nr. 299.677.242   3 Stück nur 4,50

weniger Risiko · mehr Sicherheit

3 Stück nur **4,50**

Gehen Sie auf Nummer SICHER!

5 Backofentür-Stopp – schützen Sie Ihre Kinder vor Verbrennungen! Mit dieser sich selbst sichernden Verriegelung können Sie nichts verkehrt machen, denn das variable Modell passt auf alle gängigen Backofentüren: ob von einem Einbau- oder einem frei stehenden Gerät, ob mit oder ohne Glasscheibe, ob mit integriertem oder aufgesetztem Griff bis zu einer Höhe von 40 mm. Bewährtes, einfach zu bedienendes Funktionsprinzip in modernem, zeitlosem Design. Aus hochwertigem, langlebigem Industriekunststoff in attraktivem Silber. Einfache Montage
Nr. 607.681.242   4,95

Neu!

je nach Backofentür individuell anpassbar

Backofentür-Stopp

6 Backofen-Schutzgitter – das schützt Kleinkinder ab dem Krabbelalter vor der heißen Backofentür. Die Montage ist denkbar einfach. Sie kleben dazu 2 Schienen mit einem hitzebeständigen Klebstoff auf die Backofentür und schrauben das Gitter aus weiß lackiertem Metall auf die beiden Schienen. Zur Reinigung lässt sich das Backofen-Schutzgitter ganz einfach demontieren. Gut zu wissen: Die besondere Konstruktion des Schutzgitters verhindert das Aufheizen. Lieferung mit Schienen, Klebstoff und Schutzgitter. Höhe 28 cm, Breite von 32,5 - 60 cm verstellbar.
Nr. 277.746.242   29,95

> Backofenschutzgitter von 32,5 - 60 cm verstellbar

Sicherheit

Sicher unterwegs und zu Hause

1 Balkon-Schutznetz – das wetterfeste, dünnmaschige Netz lässt sich mit den beiliegenden 6 Ringschrauben und den 24 Befestigungsschnüren einfach am Geländer festmachen. So schützt es vor Unfällen und dem vielgeliebten, aber nicht ungefährlichen „Hinunterwerfen-Spiel". Praktischer Zusatznutzen: Auch gefährliche Treppengeländer lassen sich damit auf einfache Weise kindersicher machen.
Aus 100% Polyester. Größe 300 x 95 cm.
Nr. 123.714.242   13,50

2 Blumenerde-Schutzgitter – Blumenerde ist für Kleinkinder gefährlich, trotzdem lädt sie neugierige Händchen immer wieder zum Buddeln ein! Verantwortungsbewusste Eltern haben deshalb diesen Schutz erfunden: eine Kunststoff-Manschette wird um die Pflanze gelegt und hält so die Blumenerde sicher unter Verschluss. Die kindersichere Lösung für alle Topfpflanzen! Auch bei Haustieren ideal. Farbe: braun. Bitte wählen Sie die zu Ihren Blumentöpfen passende Größe.
Von Ø 4,5 bis 32 cm anpassbar. 2-Stück-Packung.
Nr. 529.583.242   2 Stück nur 3,95
Von Ø 10 bis 50 cm anpassbar. 1-Stück-Packung.
Nr. 607.720.242   4,95

> Balkon-Schutznetz

verhindert das Verteilen von Blumenerde

2 Stück nur **3,95**

> Blumenerde-Schutzgitter

Kinderlauf- und Schutzgurt

> mit hübscher Motiv-Prägung

3 Kinderlauf- und Schutzgurt – ob im Hochstuhl, im Sportwagen oder beim Laufenlernen, dieser Schutzgürtel hilft zuverlässig, Unfälle zu vermeiden. Er ist aus echtem Leder mit speichelechter Filzunterlage gearbeitet. Die extralangen Riementeile ermöglichen es, den Kinderlauf- und Schutzgurt auch über warmer Winterbekleidung zu tragen. Farbe: marine.
Nr. 299.634.242   7,50

3 | auch für den Hochstuhl geeignet

Kinderlauf- und Schutzgurt

4 Kinderlauf- und Schutzgurt – er schützt Ihr Baby im Sportwagen und im Hochstuhl vor dem Herausfallen. Aber auch beim Laufenlernen ist er eine große Hilfe. Der größenverstellbare Schutzgürtel ist abwaschbar und aus 100% Nylon. Wählen Sie aus!
Nr. 160.229.242 rot/blau/grün
Nr. 602.027.242 marine   je nur 4,95

je nur 4 **4,95**

ideal
> im Sportwagen,
> im Hochstuhl
> und beim Laufenlernen

Gut geschützt die ersten Schritte wagen!

Lauf- und Schutzgurt

5 Lauf- und Schutzgurt – er sichert bewegungsfreudige Kleinkinder im Hochstuhl, Sportwagen und Buggy vor dem Herausfallen. Macht sich aber auch beim Laufenlernen nützlich. Aus 100% Nylon, passend ab 6 Monaten. Farbe: marine.
Nr. 299.820.242   5,95

> besonders breites Brustblatt
> bester Tragekomfort

baby-walz   0180 5 334011* · Fax 0180 5 334012* · www.baby-walz.de   *T-Com-Tarif: 12 Cent/Min.

dem Babyphonieren immer auch ein Streben nach Macht zugrunde liegt, nämlich der Macht über das Wohlergehen des Kindes.

In ihren Erfahrungsberichten für künftige Käufer schildern die Babyphon-Benutzer, wie wichtig gerade dieser Aspekt für Eltern ist.[100] Eine Mutter namens Kathrin beispielsweise überschreibt ihren Bericht mit den Worten „Als Mama auch nachts die Kontrolle behalten". „Alles unter Kontrolle" titelt eine andere Person, deren Sohn an Epilepsie leidet. Für sie ist es folglich von ganz besonderer Bedeutung, das Kind zu überwachen. Doch auch Eltern mit völlig gesunden Nachkommen erachten es als entscheidenden Vorteil der Babyphonie, dass sie mittels Funkübertragung die „absolute Kontrolle über jedes Geschehen im Kinderzimmer" haben. Zwar verspüren bei weitem nicht alle Eltern das Bedürfnis nach allumfassender Überwachung. Und wenn es vorhanden ist, dann unterschiedlich stark oder schwach ausgeprägt. Dennoch ist gerade das Verlangen nach Kontrolle und Macht ein wichtiger Grund zur Verwendung eines Babyphons.

Zugleich liegt es in der Natur der Sache, dass durch die technische Beschaffenheit und Handhabung des Babyphons ein Ungleichgewicht im Verhältnis zwischen Eltern und Kindern entsteht. Denn seine zumeist eindimensionale Übertragungsweise lässt zwar Eltern über ihre Kinder wachen, aber natürlich nicht umgekehrt. Die Aussage eines Schweizer Babyphonhersteller verdeutlicht dies: „Ihr Sprössling wird nichts merken, Sie jedoch werden alles hören und kontrollieren können."[101] Und während es der Betreuungsperson obliegt, das Babyphon ein- und auszuschalten, ist das Kind der funktechnischen Geräuschübermittlung schlichtweg ausgeliefert. Sozusagen von „höherer Warte" aus wird es abgehört und kontrolliert. Dessen sind sich auch einige Eltern bewusst. Mit scherzhaftem Unterton berichten sie davon, dass sie ihr Kind „bespitzeln" und „ausspionieren". Auch von „Abhörmanövern" und „Lauschangriffen" ist in den Erfahrungsberichten mehrfach die Rede. Ironisch vergleicht ein Elternteil das Babyphonieren sogar mit Überwachungsmethoden der DDR-Staatssicherheit: „Abhören wie bei der Stasi" ist in der Überschrift zu lesen. Der Gebrauch des Babyphons wird demnach von einigen Eltern mit militärischen und diktatorischen Kontrollpraktiken verbunden. Doch nicht nur das. Die Äußerungen der Eltern lassen zudem erkennen, dass ihrem Verständnis nach dem Babyphonieren als einem privaten „Lauschangriff" durchaus auch etwas Anrüchiges und Unmoralisches anhaftet. Zwar mag diese Sichtweise als unliebsame Nebenwirkung erscheinen, dennoch ist auch sie Bestandteil derselben. Das Babyphon demonstriert somit ein familiäres Beziehungsgeflecht, wonach das Verhältnis zwischen Eltern und Kindern asymmetrisch verläuft.

Dessen ungeachtet beabsichtigen Eltern aber im Normalfall, zum Wohle des Kindes zu handeln. Die Überwachung des Kindes stellt für sie weniger eine kontrollierende als vielmehr eine sorgende Handlung

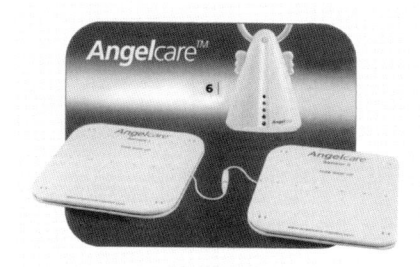

Als Schutzengel im Kinderzimmer überwacht „Angelcare" die Geräusche, Bewegungen, sogar die Atembewegungen des Babys.

dar. Das Prinzip der „kontrollierenden Überwachung" ist für sie eines der „fürsorglichen Belagerung"[102], das Babyphon nicht Kontrollinstrument, sondern praktisches Hilfsmittel zur Betreuungsarbeit.[103] Das Über-Wachen beschreibt in diesem Sinne ein „‚länger Wach-Sein': Der Erwachsene begleitet schützend das Einschlafen des Kindes"[104]. So spielt beim Kauf und Gebrauch eines Babyphons die Sorge um das Wohlergehen der Kinder für viele Eltern eine mindestens ebenso entscheidende Rolle wie die Möglichkeit, den kindlichen Schlaf für eigene Aktivitäten zu nutzen.

Möchte man den Erfahrungsberichten glauben, so machen sich insbesondere Frauen „viele Gedanken um die Sicherheit" ihrer Babys. Ihrer Ansicht nach kann man „in Sachen Sicherheit […] beim Nachwuchs […] nie genug Vorkehrungen treffen". Schließlich gelten die kleinen Erdenbürger heutzutage, mehr als jemals zuvor, als äußerst gefährdet und schutzbedürftig. So befassen sich zahlreiche Initiativen mit Themen rund um die „Kindersicherheit", Ärzte und Krankenkassen verteilen regelmäßig Merkblätter zur Unfallverhütung, die Bundesarbeitsgemeinschaft „Mehr Sicherheit für Kinder e.V." ruft seit 2000 jährlich einen nationalen „Kindersicherheitstag" aus und in den Medien kann man allenthalben verfolgen, wie vermeintlich bedroht das kindliche Leben ist. Nicht zuletzt beinhaltet auch die Bezeichnung des 1953 gegründeten Kinder*schutz*bundes die Absicht, Kinder zu behüten und zu schützen. Die Verschmutzung der Umwelt wird ebenso als Gefahrenquelle ausgemacht wie mögliche seelische und körperliche Verletzungen.[105] Dem elterlichen wie gesellschaftlichen Sicherheitsbedürfnis liegt dabei die Annahme zugrunde, dass das kindliche Leben zerbrechlich und äußerst verwundbar ist. Allerdings widerspricht diese Vorstellung den gesellschaftlichen Realitäten. Vergleicht man „das Leben eines Kindes vor hundert Jahren mit dem eines Kindes von heute, wird

Gerade die Debatte um den plötzlichen Säuglingstod trug zu technischen Neuerungen in Sachen Babyüberwachung bei.

deutlich, dass Kinder in unserer Zeit gesünder und sicherer leben als jemals zuvor"[106]. So ist beispielsweise die Säuglings- und Kindersterblichkeit seit 1960 permanent zurückgegangen.[107]

Dennoch trägt auch ein spezifisches Bedrohungspotenzial dazu bei, ein Babyphon zu verwenden. „Wir haben uns besonders Gedanken um den Plötzlichen Kindstod gemacht", schreibt der Vater eines zweieinhalbjährigen Mädchens, der sein Babyphon zur Überwachung des kindlichen Nachtschlafes einsetzt. Im selben Augenblick, als er die Gefahr des Plötzlichen Säuglingstodes[108] erwähnt, formuliert er weiter: „…aber mit dem Babyphone fühlten wir uns relativ sicher." Der Vater weist dem Gerät somit eine beruhigende Wirkung zu, es gewährt ihm und seiner Frau offenkundig mehr Sicherheit und entlastet sie beide bei ihrer Betreuungsaufgabe. Folglich geht es also keineswegs nur um eine tatsächlich vorhandene Gefahr des Plötzlichen Kindstodes. Vielmehr gibt der betroffene Vater zu erkennen, dass ihn und seine Frau vor allem eigene, also elterliche Ängste, Befürchtungen und Unsicherheiten zum regelmäßigen Babyphonieren veranlassen.

Und dies ist kein Einzelfall. Immer wieder betonen die Berichterstatter/innen, dass sie sich durch das Babyphon sicherer fühlen und beruhigter agieren können, derweil ihr Nachwuchs schläft. „Ich finde es beruhigend, wenn man genau weiß, was das Kind macht", erzählt eine Mutter und schreibt weiter: „So brauche ich nicht ständig ins Schlafzimmer zu laufen, um zu schauen, ob alles o.k. ist!" Und ein anderes Elternteil berichtet: „Ohne Babyphone könnte es passieren dass man nichts hört, wenn es sich verschluckt oder keine Luft mehr bekommt. Das Babyphone mit ans Bett – und man kann gleich beruhigter schlafen." Dass ein Babyphon „ein sicheres Gefühl" vermittelt und einige Eltern ruhiger schlafen lässt, zeigt zugleich deren Unsicherheit in der Elternrolle. Die Angst, dem Kind könnte „etwas zustoßen", bezieht sich demnach weniger auf die kindliche Verwundbarkeit. Sie drückt vielmehr eine „diffuse Verunsicherung" aus, „die viele Erwachsene bezüglich ihrer Identität als Eltern quält"[109]. Besonders groß ist die Verunsicherung dann, wenn es sich um das erste Kind handelt und das elterliche Selbstverständnis erst entwickelt werden muss. Gerade dann suchen sie nach Absicherung und Beistand, wobei ihnen ein Babyphon ebenso hilfreich erscheinen mag wie die postnatale Betreuung durch eine Hebamme.

Bestätigt wird diese Annahme durch die Tatsache, dass das Babyphon in aller Regel um den Geburtstermin herum angeschafft wird. Entweder vorher – im Rahmen der sogenannten Erstausstattung – oder aber zwei bis drei Monate nach der Geburt. Dann also, wenn die ersten Hürden im Leben mit Kind genommen sind. Neben den Eltern kaufen häufig auch die (werdenden) Großeltern das Babyphon – auf Wunsch der Eltern als Geschenk zur Geburt. Die Kaufentscheidung fällt dabei häufig die Frau, was wiederum Indiz dafür ist, dass gerade Frauen die Überwachung des kindlichen Schlafes für bedeutsam erachten. Möglicherweise fühlen sie sich in stärkerem Maße verantwortlich als der Mann und nehmen ein Gerät wie das Babyphon gerne zur Hilfe.[110] Schließlich soll die Pflege und Betreuung des Kindes so „perfekt" wie möglich verlaufen – entspannt und liebevoll, genüsslich und hingebungsvoll, behutsam und verständnisvoll – ohne Komplikationen und Zwischenfälle, reibungslos und glatt. Naturgemäß aber ist das Leben mit dem Nachwuchs von Störungen und kindlichem Chaos durchzogen und nur zu einem gewissen Grade planbar. Hierbei verspricht das Babyphon, als zusätzliche Betreuungsinstanz gute Dienste zu leisten. Zumindest suggeriert es den Eltern, dass „Alles unter Kontrolle" ist.

Während das elterliche Kontrollbedürfnis nach der Geburt besonders intensiv ist, verändert sich das Verständnis von Sicherheit und Überwachung mit zunehmendem Alter der Kinder. Die Überwachungsinstrumente passen sich den jeweiligen Lebensgewohnheiten von Eltern und Kindern an. Steht am Anfang das *Baby*phon Pate (schon der Name erklärt die Verwendung im Säuglings- und Kleinkindalter), übernehmen im Schulalter Telefone, Handys oder spezielle Kinderhandys die Kontrollfunktionen. Einer elektronischen Fußfessel ähnlich, ermöglichen letztere den Eltern, ihre Kinder auf weitere Entfernungen zu überwachen. Zugleich dienen sie ihnen dazu, den Familienalltag zu meistern und das Zusammenleben zu organisieren. Demgegenüber ermöglichen andere Techniken einen solchen Austausch nicht. So gibt es inzwischen Peilsender, die Kindern in ihre Kleidung oder das Spielzeug eingenäht werden können. Mittels GPS (= Global Positioning System) können die Kinder so jederzeit geortet werden. Wird ein von den Eltern festgelegter „virtueller Laufstall"[111] vom Kind überschritten, löst das System einen Alarm aus. Vergleicht man das Kinderhandy oder den GPS-Peilsender mit dem Babyphon, so wird

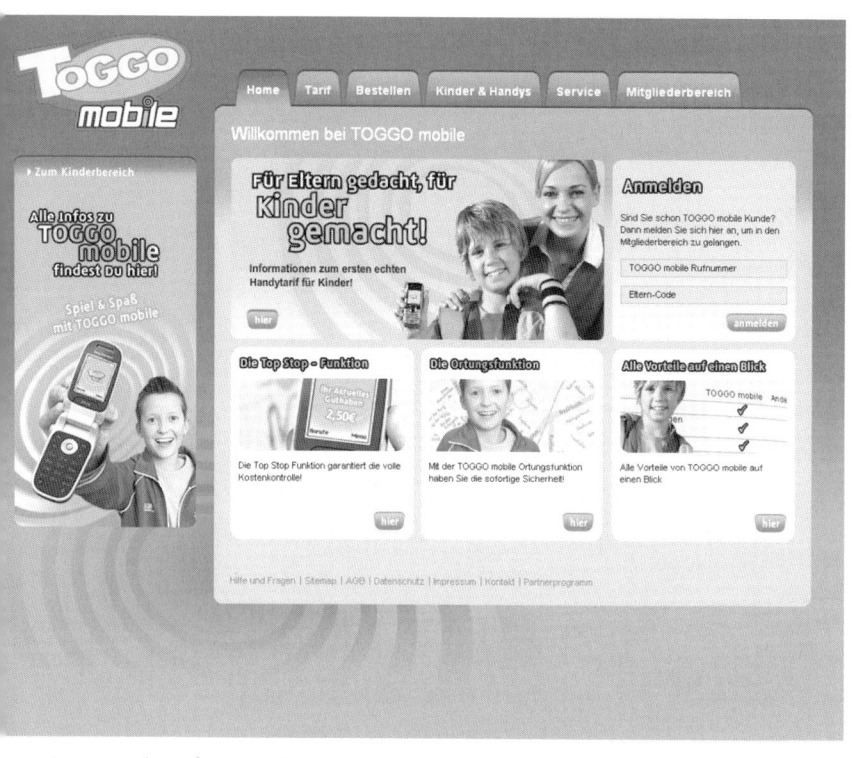

Internetwerbung für ein Kinderhandy mit „Ortungsfunktion", 2008.

deutlich, dass sich mit den Überwachungsgeräten auch die Ziele elterlicher Kontrolle wandeln: Nicht mehr das kindliche Schreien steht im „Fadenkreuz der Ermittlungen", sondern der Aufenthaltsort des Kindes, seine freizeitlichen Aktivitäten und Aufgaben.

Nun mag man einwenden, dass bei weitem nicht alle Eltern tatsächlich solche Technik einsetzen, zumal gerade das Kinderhandy noch eher eine Randerscheinung ist. Die Vielfalt vorhandener Instrumente zeigt aber, dass nicht nur das Alter der Kinder – und damit ein bestimmter Entwicklungsstand – entscheidend für das elterliche Kontrollbedürfnis ist. Auch die vorhandenen beziehungsweise nicht vorhandenen Erfahrungen im Umgang mit Kindern reichen als Erklärung für das elterliche Sicherheitsstreben nicht aus.

Sowohl das Babyphon als auch die erwähnte Technik sind noch vergleichsweise jung. Die wachsende Nachfrage in den letzten zwei Jahrzehnten spricht auf den ersten Blick dafür, dass das elterliche Verlangen nach Absicherung in diesem Zeitraum drastisch anstieg. Wahrscheinlicher ist aber, dass sich das elterliche Kontrollverständnis weder qualitativ noch quantitativ veränderte, nur hat es dank Babyphon & Co neuerdings eine technische Projektionsfläche gefunden, ist also in gewisser Weise messbar geworden. Ganz sicher aber spiegelt das, was „die Eltern als erforderlich für die Versorgung [...] des Kindes erachten, [...] mehr oder weniger gesellschaftlich relevante Wertschätzungen wider."[112] So geht die zunehmende Verbreitung des Babyphons auch einher mit einer wachsenden Akzeptanz anderer Kontrollpraktiken – darunter solche, die außerhalb des Privathaushaltes stattfinden. Beispielsweise befürworten im Jahre 2003 mehr als zwei Drittel der Deutschen „die Überwachung öffentlicher Plätze durch Kameras"[113]. Und während die Funküberwachung des Kinderzimmers bei früheren Elterngenerationen noch undenkbar war, ist sie gegenwärtig recht üblich und nimmt bisweilen sogar zwanghafte Züge an. Als „totale Kontrolle" missverstanden, verschafft das Babyphon manchem Elternteil nicht nur *Ent*lastung. Vielmehr kann seine Anwesenheit auch zusätzliche *Be*lastungen nach sich ziehen. Eine Kurzgeschichte des ZEIT-Redakteurs und Buchautors Mark Spörrle beschreibt dies sehr anschaulich.

Babyphonie

von Mark Spörrle

„Ich weiß nicht, ob wir nicht doch umdrehen sollten", sagte meine Liebste, als wir uns dem Haus von Anna und Max näherten, „wir könnten anrufen und sagen, wir seien plötzlich krank geworden..."

„Es wird sicher ein wundervoller Abend", beruhigte ich sie. „Es sind doch unsere Freunde!" Meine Stimme klang etwas zu hoch.

Anna und Max hatten schwarze Augenringe und waren schmal im Gesicht, freuten sich aber sehr, uns zu sehen.

„Wir müssen uns unbedingt wieder öfter treffen", sagte Max, als wir uns umarmten, „ich habe das Gefühle, Anna und ich reden in letzter Zeit nur noch über Kinder..."

„Minna!", warf Anna ein.

„...ja, über Minna", fuhr Max fort. „Lasst uns heute Abend über etwas ganz anderes sprechen. Habt ihr vor ein paar Tagen diesen irrwitzigen Artikel gelesen über..."

„Max, denk an Minna oben!", unterbrach Anna. „Du bist zu laut!"

Max winkte uns schuldbewusst in die Küche und schloss geräuschlos die Tür.

„Ich habe ihre Zimmertür schallgedämmt", sagte er leise, „aber es ist nicht ausgeschlossen, dass sie doch etwas hört und dann aufwacht und schreit."

Meine Liebste und ich wechselten einen Blick.

Anna ging zum Tisch, auf dem ein Babyphon stand, hob es hoch und überzeugte sich, dass alles in Ordnung war.

„Sie atmet ruhig", meldete sie erleichtert, „hört ihr?"

Wir hörten es. Es klang, als habe man einen Taucherfilm zu laut synchronisiert. Anna platzierte das Babyphon so zentral auf dem Tisch, dass Minnas Schnorcheln möglichst noch besser zu hören war.

„Wir lassen die Lautstärke immer voll aufgedreht, sicherheitshalber", sagte Max. „Ich hoffe, es stört euch nicht?"

„Nein, nein", versicherten wir, während wir uns setzten. Dabei schabte mein Stuhl leicht über den Küchenfußboden.

Anna stieß ein Zischen aus.

„Entschuldigung...", begann ich.

Anna legte den Finger auf die Lippen und horchte ins Babyphon auf Minnas

Atmen. Dann schlich sie zur Küchentür, öffnete sie einen Spaltbreit, lauschte in den Flur und schloss die Tür leise wieder.

„Man weiß ja nie", sagte sie. „Und Minna wird immer gewitzter; in letzter Zeit macht sie riesige Fortschritte. Alle sagen, sie hätten noch nie ein so waches und intelligentes Kind gesehen wie Minna."

„Toll", lächelten wir pflichtgemäß.

Anna setzte sich dicht neben das Babyphon. Max ging zum Herd und begann, in einem der blubbernden Töpfe zu rühren. „Also, um nochmal auf diesen unglaublichen Artikel zurückzukommen", sagte er, „das wird euch sicher interessieren. Habt ihr nicht beim letzten Mal auch von so etwas Ähnlichem erzählt..."

„Sie schläft erstaunlich gut", warf Anna ein und sah auf die Uhr. Sie stand auf und fing an, den Tisch in respektvollem Abstand rund ums Babyphon zu decken.

„Glücklicherweise schläft sie gut, im Gegensatz zu sonst", sagte Max. „Jedenfalls: Da gibt es einen Professor, der..."

„Sonst ist es eine einzige Katastrophe mit ihren Schlafstörungen", unterbrach Anna, „wir haben schon nächtelang an ihrem Bett gesessen und damit gerechnet, dass sie wieder aufwacht und anfängt zu schreien. Und wisst ihr, was dieser dämliche Kinderarzt gesagt hat?"

„Er hat gesagt, das sei nur eine Phase und ihr solltet so etwas nicht machen", sagte meine Liebste.

„Er hat gesagt, das sei nur eine Phase und wir sollten so etwas nicht machen!", fuhr Anna fort. „Wir waren dann bei ein paar anderen Ärzten und schließlich bei einer Heilpraktikerin. Und was denkt ihr, was die getan hat?"

„Sie hat sich verhalten, als seist du bei ihr in Therapie", sagte ich.

„Die hat sich verhalten, als sei ich...", Anna stockte. „Das haben wir wohl schon einmal erzählt?"

„Öfter", sagte ich lächelnd. „Aber egal: Schön, dass Minna jetzt schläft."

„Und wir uns endlich mal wieder sehen", sagte meine Liebste. „Max, kann ich irgendetwas helfen?"

„Nein danke, das Essen ist so weit", erklärte Max und entkorkte ploppend eine Weinflasche.

Anna machte scharf „Pssssst!" und horchte zum Babyphon hin.

Minna, es war nicht zu überhören, atmete so ruhig und gleichmäßig wie zuvor.

Max schenkte leise Wein ein und hob sein Glas.

„Ich bin froh, dass ihr da seid", sagte er mit gedämpfter Stimme. „Ich weiß nicht, wann ich zum letzten Mal mit Menschen gesprochen habe, die keine Eltern sind." Wir stießen an, Minnas wegen ohne dass die Gläser sich berührten.

„Wie geht es euch sonst?", fragte meine Liebste.

„Ein wenig müde wegen Minna", sagte Anna. „Und euch?"

„Ach, wir hatten die Handwerker in unserer Wohnung...", begann meine Liebste.

Anna hob die Hand, beugte sich jäh zum Babyphon und klopfte mit dem Finger dagegen.

Wir lauschten eine Zeitlang den Atemgeräuschen, die sich kein bisschen verändert hatten.

„Ich dachte, irgendetwas stimmt nicht", erklärte Anna schließlich. „So lange durchzuschlafen, ohne aufzuwachen, das ist sonst nicht ihre Art."

„Lasst uns froh darüber sein", sagte ich. „Max, was stand denn nun eigentlich in diesem Artikel?"

„Ach so, ja", sagte Max, „äh, also: Es ging einerseits..."

Anna atmete tief ein und warf einen Blick auf die Uhr.

„Ihre nächste Schreipause ist überfällig", sagte sie zu Max. „Entschuldigung, könntest Du leiser reden, damit ich höre, wenn..."

Max nickte mit schuldbewusster Mine, aber bevor er weitersprechen konnte, ertönte, aus dem Babyphon ein kleines, schlaftrunkenes Krächzen.

Anna fuhr hoch und erhob sich.

„Vielleicht hat sie nur geträumt", sagte meine Liebste schnell. „Sie ist ja schon wieder leise."

„Ich gehe nachsehen", erklärte Anna unbeirrt. „Könntet ihr noch ein wenig leiser sprechen? Nicht dass sie ganz aufwacht!"

Sie öffnete behutsam die Tür und verschwand lautlos nach oben.

Max biss sich auf die Unterlippe und lauschte gespannt ins Babyphon, aus dem die ruhigen Atemzüge Minnas zu hören waren. Dann das Knarren von Fußbodendielen und lautes Rascheln.

Mir fiel auf, dass meine plötzliche Kurzatmigkeit offenbar daher kam, dass ich unbewusst versuchte, meine eigene Atemfrequenz der von Minna anzupassen.

„Sollten wir nicht schon mal das Essen austeilen?", wisperte ich Max zu. Meine Liebste sah mich dankbar an.

„Ach ja", schrak Max hoch, „das hätte ich fast vergessen."

Wir schafften es, das Essen auf die Teller zu bekommen, ohne dass die Schöpfkelle auch nur einmal in einem der Töpfe kratzte.

Anna kam lautlos zurück.

„Ich habe die Heizung etwas runtergedreht, den Schlafsack ganz zugemacht und ihr noch ein bisschen Nasensalbe gegeben", sagte sie. „Trotzdem: Ich traue dem Frieden nicht. Das wäre das erste Mal seit langer Zeit..."

„Lasst uns schnell etwas essen, bevor sie aufwacht", sagte Max. „Guten Appetit!"

Das Essen schmeckte ganz gut, es war nur ein wenig kalt, versalzen und angebrannt, und man erkannte nicht recht, was es war.

„Minna hat uns beim Kochen auf Trab gehalten", erklärte Max. „Eigentlich

67

wollte ich etwas ganz anderes kochen, aber wir kamen nicht zum Einkaufen; wir mussten ein neues Babyphon besorgen."

„Das alte war kaputt?", fragte ich.

„Nein", sagte Anna, „aber wir haben es doch schon ein paar Monate, und keine Technik ist absolut verlässlich: „Es wäre eine Katastrophe, wenn es eines Abends ausfiele, ohne dass wir es mitkriegen. Jetzt haben wir zwei: Das alte steht hinter euch auf dem Gewürzregal. Funktioniert es noch?"

Ich lehnte mich kurz nach hinten, denn das alte Babyphon war nicht ganz so laut wie das auf dem Tisch. „Es funktioniert hervorragend", lächelte ich mühsam. „Jetzt entgeht euch kein Atemzug mehr."

„Leider doch", sagte Max, „dann nämlich, wenn Anna tagsüber mal schnell im Wäschekeller ist oder wir beide vor lauter Erschöpfung doch mal gleichzeitig schlafen. Aber ich habe im Internet einen Babyphon-Verstärker mit sechs Lautsprechern bestellt, da kriegen wir auch im Tiefschlaf mit, falls etwas nicht stimmt. Wenn ihr nächste Woche wiederkommt, ist der schon installiert."

Meine Liebste und ich wechselten einen entsetzten Blick.

Entschlossen wandte ich mich Max zu: „Nochmal zu diesem Artikel: Jetzt musst Du endlich verraten, um was es dabei ging!"

„Entschuldigt", sagte Anna und stand auf. „So lange war sie noch nie still. Da stimmt irgendetwas nicht!"

„Aber es ist doch schön, dass sie schläft", sagte meine Liebste. „Bleib doch hier, nicht dass du sie jetzt aufweckst!"

„Ich muss nachsehen, ob alles in Ordnung ist", beharrte Anna und verschwand auf Zehenspitzen.

„Möchte noch jemand etwas essen?", fragte Max und stand lautlos auf. Ich reichte ihm meinen Teller.

„Du hast nicht das Gefühl, dass ihr euch und Minna ein bisschen zu viel Stress macht?", fragte ich. „Vielleicht wäre es ja besser, wenn ihr sie..."

„Aber nein, keine Sorge, absolut nicht. Wenn ihr selber Kinder hättet, wüsstet ihr...", begann Max, brach dann aber ab und lauschte ins Tisch-Babyphon. Hektisches Dielenknarren und Rascheln überlagerte Minnas ruhiges Atmen.

„Aber wir wollten ja eigentlich noch über etwas anderes sprechen", sagte meine Liebste verzweifelt.

„Ja, der Artikel", sagte Max abwesend und füllte unsere Teller. „Was haltet ihr davon?"

„Du hast uns noch gar nicht erzählt, um was es geht!", erwiderte ich.

Max starrte uns an, schlug sich entschuldigend vor die Stirn und lachte leise.

„Leiser", zischte Anna ihn an. Sie schob sich durch die Tür und lauschte erst am Tisch-Babyphon, dann am Gewürzregal-Babyphon. „Ich habe die Heizung etwas höher gestellt und sie in den roten Schlafsack gepackt."

„Du hast sie in einen anderen Schlafsack gepackt?", fragte meine Liebste ungläubig.

„Ja, der blaue wird ihr allmählich zu klein", erwiderte Anna und setzte sich. „Ich möchte nicht, dass sie deshalb womöglich aufwacht."

Aus dem Babyphon ertönte ein kurzes, schlaftrunkenes Jammern.

„Zu spät, was habe ich gesagt!", erklärte Anna und stand eilig auf.

„Hör mal", sagte meine Liebste. „Sie hat schon wieder aufgehört. Vielleicht hat sie bloß geträumt?"

„Aber Anna war schon aus der Tür. Max beugte sich gespannt zum Tisch-Babyphon, aus dem wieder Minnas ruhige und gleichmäßige Atemgeräusche klangen.

„Was meint ihr, wie viele Abende das schon so geht", sagte er mit leidgeprüfter Stimme. „Zuerst tut sie, als ob sie selig schläft. Und dann, aus heiterem Himmel, wacht sie auf, fängt an zu schreien, und wir tun die ganze Nacht kein Auge zu."

„Könnte es nicht vielleicht sein, dass ihr sie mit eurem ständigen Nachgucken immer wieder aufweckt?, fragte meine Liebste.

Max starrte sie entgeistert an.

Aus den Babyphonen drang Fußbodenknarren und ein leises Poltern.

Max schrak zusammen.

„Sicher ist Anna nur gestolpert", sagte meine Liebste schnell. „Oder ihr ist etwas runtergefallen. Hör doch – Minna schläft immer noch ganz normal."

„Das muss nichts bedeuten", sagte Max und stand auf, „ich habe gelesen, dass es bei Babyphonen ähnlicher Bauart gelegentlich zu Frequenzüberlagerungen kommt. Das heißt: Wenn im Nachbarhaus ebenfalls ein Babyphon an ist, hören wir hier völlig arglos das fremde Kind von nebenan ruhig atmen – während oben unsere arme Minna in Wirklichkeit aus Leibeskräften schreit!"

„Da wohnen doch nur ältere Leute", sagte ich.

„Und was, wenn dort jetzt gerade eine Familie mit Baby zu Besuch ist?", beharrte Max.

„Aber Anna ist doch oben...", begann meine Liebste noch, aber Max verschwand schon durch die Tür.

Als wir alleine waren, schenkten wir Wein nach, stellten die vollen Teller von Anna und Max zum Aufwärmen in die Mikrowelle und blätterten in ein paar Kochbüchern.

Aus den Babyphonen drangen Minnas Atemzüge, überlagert von Geraschel und hektischem Gewisper.

Endlich kam Max erschöpft zurück. „Wir haben die Heizung runtergedreht und sie wieder in den blauen Schlafsack gesteckt, weil sie den doch eher gewöhnt ist", sagte er. „Außerdem haben wir die Gästematratze vor das Fenster geklemmt und den Babystuhl davorgestellt, damit der Luftzug sie nicht stört. Nun versucht Anna nur noch..."

„Prima", unterbrach ich, „was stand denn nun in diesem verdammten Artikel?"

Max sah mich an. „Du hast wirklich kein Verständnis für Kinder!"
Über uns und um uns herum krachte es.
„Der Babystuhl", stammelte Max.
Durch die Babyphone hörten wir Anna lauthals und in Stereo schimpfen.
Max sprang auf, als Minna zu schreien begann.
„Es wäre auch ein Wunder gewesen, wenn sie einmal durchgeschlafen hätte, nur ein einziges Mal!", stieß er hervor und stürzte nach oben.

Wir tranken schweigend unseren Wein aus, während Max und Anna aus den Babyphonen im Duett Schlaflieder sangen, dann räumten wir den Tisch ab. Als wir die Spülmaschine bestückt und eingeschaltet hatten, verstummten die Lieder, und wir hörten endlich Schlafgeräusche. Schlafgeräusche von allen dreien.

Wir verließen das Haus auf Zehenspitzen und zogen unendlich leise die Tür ins Schloss.

Nach ein paar Metern blieb ich stehen, stieß einen Fluch aus und kehrte um.

„Nein", rief meine Liebste, „tu es nicht!"

Aber ich presste meine Hand schon auf den Klingelknopf, so lange, bis aus dem ersten Stock lautes Gebrüll drang. ─────────────────

Gottlob, möchte man anfügen, sind Anna, Max und Minna nur Protagonisten einer kleinen Humoreske. Kaum vorstellbar, würden alle Eltern derart übernervös mit ihren Kindern umgehen. Doch wie jede scherzhafte Übertreibung enthält auch diese Geschichte im Kern ihre Wahrheiten. So kann man beispielsweise beobachten, dass der Empfänger eines Babyphons auch im wahren Leben räumlich zumeist sehr zentral positioniert wird. Je nachdem, was die Eltern gerade machen, steht er zumeist auf dem Küchen-, Couch- oder Nachttisch. In aller Regel wird er so aufgestellt, dass seine Anzeigen gut sichtbar und die Geräusche gut hörbar sind, auch wenn das elterliche Geräuschempfinden durchaus variiert und die Übertragungslautstärke individuell geregelt werden kann. Entscheidend ist dabei die Nähe zur Betreuungsperson. Neuerdings werden die Empfangseinheiten sogar mit Gürtelclips und Halsbändern versehen und direkt am Körper getragen. Das entspricht dem dringenden Bedürfnis mancher Eltern, jeden noch so kleinen Mucks mitzubekommen.

Was also Mark Spörrle in seiner Geschichte auf die Spitze treibt, ist keineswegs aus der Luft gegriffen, schildert er doch eine übertriebene Sensibilität der Eltern gegenüber ihrem Kind, ihr hypernervöses Lauschen und völlig unangemessenes Einschreiten. Damit beschreibt er zugleich den herausragenden Stellenwert des Kindes im familiären Gefüge. So zieht Minna, während sie schläft, die gesamte elterliche Aufmerksamkeit auf sich. Ihre Atemgeräusche und deren babyphonale Übermittlung in die Küche binden sämtliche vorhandenen Ressourcen. Im Schatten ihrer (akustischen) Allmächtigkeit bleiben daraufhin alle übrigen Vorhaben auf der Strecke. Eine Konversation zwischen dem Elternpaar und den lang ersehnten Besuchern kommt nicht einmal ansatzweise zustande. Jeder Gedanke, jede Handlung, jedes Wort – alles dreht sich um Minna. Annas und Max' Besucher bilden den Kontrast zu diesem überreizten Verhalten – allein schon durch ihre Kinderlosigkeit. In ihrem fortwährenden Bemühen, ein Gespräch jenseits von Minna und Babyphon in Gang zu bringen, bringen sie die Schärfe in dieses freundschaftliche Zusammentreffen, das schließlich im Zerwürfnis endet.

Das Babyphon nimmt die Rolle eines unerlässlichen technischen Mittlers ein und steht als solcher im Mittelpunkt des abendlichen Geschehens. Mutter Anna klebt wie eine Klette an dem Gerät. Ihre Ohren immer in Richtung Lautsprecher gespitzt, misstraut sie dem neu erworbenen Babyphon aufs tiefste und überprüft es mehrfach auf seine Funktionsfähigkeit. Unergründlich bleibt für den Leser der Geschichte der unmittelbare Auslöser für das übernervöse elterliche Verhalten. Denn neben solchen Belanglosigkeiten wie der Dicke und Größe des Schlafsacks führen Anna und Max weder Sicherheitsbedenken noch andere handfeste Motive an. Einzig das Kind als solches, sein Atmen, sein Dasein versetzen beide Elternteile in einen Zustand panischer Dauerüberreizung. Töchterchen Minna ist in dieser Geschichte für Max und Anna einzig durch ihr Kind-Sein von unschätzbarem Wert. An ihrem Beispiel wird ein heutzutage weit verbreitetes Phänomen vorgeführt: Eltern betrachten ihr Kind als ein einzigartiges „heiliges Gut", das gottesgleich verehrt und „angebetet" wird. Denn wie in der literarischen Humoreske sind Kinder auch im realen Leben vielfach Dreh- und Angelpunkte des familiären Geschehens. Überdies werden sie häufig zum (einzigen) Lebensinhalt, zur Lebensaufgabe erhoben, der sich alles andere unterzuordnen hat.

Die Gründe der Eltern, sich so auf das Kind zu fixieren, sind mannigfaltig und individuell sicher verschieden. So lassen flexible, zeitlich begrenzte und vielfach unsichere Arbeitsverhältnisse bei Männern wie Frauen Fragen und Zweifel aufkommen. Gegenüber den Gefahren und Unsicherheiten der Berufswelt kann das Kind „zum Symbol für Dauer und Verlässlichkeit werden, für einen ‚unkündbaren' Platz in der Welt."[114] Ähnlich verhält es sich im Privatleben: Wie statistische Daten belegen, sind Ehe und Partnerschaft zunehmend Bündnisse auf Zeit. Kinder verheißen dagegen eine „stabile Gemeinsamkeit", einen unwiderruflichen „Ankerpunkt der Gefühle"[115]. Nicht zuletzt rührt die elterliche Verehrung des Kindes auch daher, dass es heutzutage in viel stärkerem Maße gewollt und geplant ist als noch vor fünfzig Jahren. Das kindliche Dasein ist somit von Anbeginn an mit positiven Emotionen verbunden. „Kurzum: Dass sie nicht ‚einfach so' gezeugt werden, macht Kinder zu etwas Einzigartigem, das sowohl für die Eltern als auch für die Gesellschaft unbezahlbar ist."[116]

Zugleich erzeugt gerade diese „Unbezahlbarkeit" einen immensen Druck. Denn die „Verantwortung der Erwachsenen [...], für das Wohlbefinden dieses wertvollen Kindes zu sorgen"[117], wiegt schwerer denn je. So wird in modernen Erziehungskonzepten die Liebe zum Kind zum

Primat erklärt. Nur noch selten wird sie daher „als spontane Empfindung wahrgenommen"[118]. Die Liebe zum Kind beschreibt demnach nicht nur ein Gefühl, sondern auch die elterliche Fähigkeit, dem Kind uneingeschränkte Aufmerksamkeit, Hingabe und Zuwendung zuteil werden zu lassen, es aber auch permanent zu kontrollieren. Die Kindererziehung gerät somit zum 24-Stunden-Job, den „angemessen" zu erfüllen kein Mensch mehr in der Lage ist.

Unter diesen Umständen erweist sich das Babyphon als willkommener Überwachungshelfer. Das Gerät ermöglicht es, die Liebe zum Kind auch dann auszuleben, wenn dem Kleinen gerade nicht die ganze Aufmerksamkeit zuteil werden kann. Das Kind kann beaufsichtigt und kontrolliert werden, obwohl gerade etwas anderes zu tun ist. So formuliert eine Mutter: „Ich für meinen Teil kann jetzt entspannter meinen Tätigkeiten nachgehen und trotzdem eine liebende und treusorgende Mama sein." Das Babyphon synchronisiert die „kontrollierende Liebe" und fürsorgliche Belagerung mit anderen Tätigkeiten. Damit hilft es zugleich, das schlechte Gewissen mancher Eltern zu beschwichtigen und sie ruhiger schlafen zu lassen.

Und während der Blick bislang vor allem auf die Eltern gerichtet war, auf ihren Umgang mit Kind und Babyphon, stellt sich abschließend die Frage, was die neuen Überwachungsmethoden mit unseren Kindern machen. Wie geht es dem Nachwuchs dabei, wenn er stets und ständig beaufsichtigt und hingebungsvoll umsorgt wird? Was bedeutet es für die Kinder, permanent beobachtet zu werden und womöglich kaum mehr eine Bewegung, eine Handlung zu verrichten, ohne dass die Eltern es registrieren? Wie wirkt die (teilweise übernervöse) Beaufsichtigung auf das kindliche Selbstwertgefühl? Wie beeinflusst das die kindliche Autonomie, wie korrespondiert es mit der Erziehung zu Unabhängigkeit und Selbstständigkeit? Welche Möglichkeiten und Chancen werden Kindern genommen, indem sie kaum mehr unbeaufsichtigt und frei spielen können? Werden sie darin eingeschränkt, sich die Welt auf ihre Weise anzueignen? Was macht schließlich die permanente Risikovermeidung mit ihnen?

Auch, wenn diese Fragen im Einzelnen nicht näher erörtert werden können, so bleibt doch festzuhalten, dass die „Lauschangriffe" per Babyphon keineswegs spurlos an Kindern vorübergehen. Schließlich wird ihnen von Anfang an vermittelt, dass immer jemand anwesend

„Sieh dich vor – wir stehen unter Beobachtung."

beziehungsweise in der Nähe ist, der auf ihr Klagen, Mucksen und Weinen eingeht und dieses umgehend „abzustellen" versucht. Ihnen wird beigebracht, dass sie Aufmerksamkeit erhalten, sobald sie danach verlangen. Die Aufsichtsperson wendet sich ihnen zu, selbst wenn dabei ihre eigenen Bedürfnisse auf der Strecke bleiben. Die Frage ist, ob sie durch die ständige Fürsorge nicht auch ihre eigene Verwundbarkeit besonders deutlich empfinden. Schlimmstenfalls könnten sie den Eindruck bekommen, eine sorgenvolle Belastung für die sich ständig ängstigenden Eltern zu sein.

Ganz gleich, wie man zu dieser Form der Erziehungsarbeit stehen mag, sie bleibt zweifelsohne nicht ohne Konsequenzen für das kindliche Selbst- und Weltbild. Der Buchautor Rohan Candappa spitzt diese Situation in seiner „Autobiographie eines Einjährigen" zu. Der Protagonist stellt eines Tages erschrocken fest:

„Mein Zimmer ist verwanzt. Ja, ihr habt richtig gehört, mein Zimmer ist verwanzt. Ich fledderte gerade meine Teletubbies-Poster von der Wand, um zu sehen, ob vielleicht dahinter irgendwo ein Safe versteckt ist, da erspähte ich (und wie man gleich sehen wird, ist das hier genau das richtige Wort) ein winziges rotes Lichtlein, das mitten im Spielzeug auf einem Regalbrett lauerte. Ich ging der Sache nach. Ich sage es nicht gerne: Was ich entdeckte, kann nur als Abhörvorrichtung beschrieben werden.

Es ist ungeheuerlich. Ein Skandal. Eine klare Verletzung meiner Menschenrechte. Die totale Negation des Vertrauens, das gerade zart zu keimen begonnen hatte zwischen mir und diesen Leuten, die ich endlich nicht mehr als Gefangenenwärter ansah.

Ich frage mich, wo das noch enden soll, und pfeife meine Unterhändler vom Verhandlungstisch zurück. Tut mir leid, aber wenn wir nicht auf der Basis eines gewissen Vertrauens weitermachen können, worauf kann man dann überhaupt noch hoffen?

Ich eröffne eine Phase gewaltloser Nicht-Kooperation. Ich starte eine Kampagne zivilen Ungehorsams. Kurz: Ich leiste Widerstand."[119]

Nachfolgend tritt der zwanzig Monate alte Buchheld in einen Hungerstreik. Er weigert sich, die von den Eltern vorgesehenen Klamotten zu tragen und bekritzelt die Wände, um anschließend festzustellen:

„Es war alles nur ein Irrtum. Mein Gott, komme ich mir blöd vor! Die Wanze, das Abhörgerät, die Fliege an der Wand, Judas beim letzten Abendmahl, der Schnüffler, der elektronische Informant, der große Lauschangriff oder wie immer man es nennen will, nun, es war nichts dergleichen. Ich war total auf dem Holzweg. Hatte verkehrt herum durchs Fernglas geschaut. Die Tüte statt der Gummibärchen gegessen.

Dieses Ding da im Regal, das ich für ein Gerät hielt, das Haar- und Glattgesicht aufgestellt hatten, um mich zu überwachen und unter Kontrolle zu halten, war in Wirklichkeit das genaue Gegenteil. Ein Mittel für mich, um sie zu überwachen. Ein Mittel für mich, um sie unter Kontrolle zu halten.

Ich weiß nicht, warum ich das nicht früher begriffen habe. Die Tatsache, dass sie jederzeit hören konnten, womit ich beschäftigt war, ließ mich annehmen, sie hätten mich in ihrer Gewalt. Aber man überlege doch mal, wie dieses System in der Praxis funktioniert. Solange ich eifrig mit meinen Angelegenheiten beschäftigt bin, stört mich keiner. Wenn ich dagegen rufe, kommt jemand. Ja, wenn ich wirklich laut rufe und das Ganze noch mit Schluchzen, Schreien oder Erstickungslauten würze, kommt augenblicklich jemand gerannt.

Der Ausdruck ‚nach jemands Pfeife tanzen' kommt mir in den Sinn. Man muß die Weisheit nicht mit Löffeln gefressen haben, um herauszubekommen, wie man dieses System zum eigenen Vorteil nutzen kann. Denn das tat ich."[120]

„Schrei' doch mal ordentlich in den Baby-Alarm – das haut sie immer aus den Socken...!"

Mobil und sicher?
Risiken und Nebenwirkungen der Babyphonie

„Krack und wach"
Von nächtlichen Lauschangriffen und Funkstörungen

„Direkt am ersten Tag, als ich das Gerät benutzte, mein Sohn war etwa 8 Wochen alt, kam auf einmal ein lautes ‚Mama' aus dem Gerät. Ich erstarrte mit einem Bügeleisen in der Hand fast zur Salzsäule. Es hat schon einen Moment gedauert, bis ich begriff, was da los ist." So oder ähnlich klingen die Schilderungen von Eltern, deren Babyphone weit mehr übertragen als die Laute des eigenen Sprösslings. Während Verkäufer und Hersteller immer wieder beteuern, dass ihre Geräte „absolut störungsfrei"[121] funktionieren, zeichnen Mütter und Väter vielfach ein anderes Bild. Glaubt man ihren Berichten, so stehen unerwünschte Zwischentöne und akustische Fehlleitungen auf der Tagesordnung. Ebenso unerwartet wie die Stimme eines anderen Kindes empfangen sie auch Funksprüche von Fernfahrern und Polizisten, was Verwirrungen und Irritationen auslöst. Dass es sich dabei keineswegs um Ausnahmen handelt, bestätigt eine Untersuchung der „Stiftung Warentest". Demnach „entpuppten sich die meisten Funkgeräte als recht [...] anfällig". Nur selten seien die getesteten Babyphone in punkto Störfestigkeit „über ‚ausreichend'" hinausgekommen.[122]

Abgesehen von Funkstörungen enttäuschen auch Totalausfälle und diverse Geräuschüberlagerungen vielfach die elterlichen Erwartungen. Für Verärgerung sorgen beispielsweise jene Geräte, die neben Babygeschrei und Einschlafzetern auch Knacken und Rauschen hervorbringen. Unerwartete Pieptöne haben ebenfalls schon so manchem Eltern-

"Direkt am ersten Tag, als ich das Gerät benutzte, mein Sohn war etwa 8 Wochen alt, kam auf einmal ein lautes ‚Mama' aus dem Gerät. Ich erstarrte mit einem Bügeleisen in der Hand fast zur Salzsäule. Es hat schon einen Moment gedauert, bis ich begriff, was da los ist."

teil einen gehörigen Schrecken eingejagt. Bevor diese Reaktionen näher beleuchtet werden, seien zunächst die möglichen Störungen benannt und ihre Ursachen kurz beschrieben.

Funkstörungen treten beim Babyphon auf, seit die Übermittlung nicht mehr per Kabel oder Stromleitung, sondern per Funk erfolgt. Wie beim Radio oder Mobilfunk werden die Töne und gegebenenfalls Bilder „per Funkwellen einer bestimmten Frequenz übertragen"[123]. Befinden sich andere Geräte in der Nähe, die auf der gleichen Frequenz arbeiten, kann es zu „Frequenzgerangel" und damit zu Empfangsproblemen kommen[124]. Als lästige Nebenwirkung einer neuen Technologie verkörpern Funkstörungen somit eine sehr ursächliche Störungsart.

Was die Benutzer dabei zu hören bekommen, reicht von Gesprächen zwischen CB-Funkern und Lastwagenfahrern über Radiosendungen bis hin zum Anrufbeantworter des Nachbarn. Auch diverse Dienstgespräche von Taxifahrern, Hotelangestellten, Sanitätern, Polizisten und Feuerwehrmännern fing das eine oder andere Empfangsgerät bereits ein. Eine Frau, die in der Nähe eines Krankenhauses wohnt, berichtet gar davon, dass sie die „Piepstöne der Geräte der Intensivstation" übermittelt bekam. Eine andere schildert folgenden Fall: „Das einzige, was unser Empfänger vorzüglich weitergab, war der Tastenschlag unserer Funktastatur vom PC. Jede Taste ein lauter Anschlag auf die Ohrmuschel, auch wenn dazwischen mehrere Meter und dicke Wände lagen. Scheinbar hatten beide Geräte die gleiche Frequenz."

Die weitaus häufigsten Überlagerungen gibt es allerdings mit anderen Babyphonen. Gerade in Wohngegenden, in denen mehrere Familien mit Kleinkindern leben und somit etliche Geräte auf engem Raum verwendet werden, kommt es immer wieder zu Verwechslungen. „So kann es [...] passieren, dass die Regungen des Nachbarbabys übertragen werden, wenn dort ein ähnliches Babyfon im Einsatz ist."[125] In den Erfahrungsberichten schildern Babyphonnutzer derartige Vorkommnisse etwa folgendermaßen: „Eigentlich war ich ganz zufrieden mit dem Gerät, denn ich konnte gleich [...] hören, wenn mein Kind weinte, aber nicht nur das [...] einmal wunderte ich mich sehr, als ein Baby weinte, ich zu meinem ging, es aber schlief ... das fand ich schon ziemlich eigenartig, denn um die Mama auf die Schippe zu nehmen, dafür war meine Tochter zum damaligen Zeitpunkt definitiv noch zu jung".

Wie den Schilderungen zu entnehmen ist, begegnen die Eltern derartigen Vorkommnissen zunächst mit Verwunderung, dann mit Unmut. Während sie gelegentlich darüber erschrecken, dass ihr Säugling plötzlich Wortlaute von sich gibt, obwohl er doch noch gar nicht sprechen kann, realisieren sie im nächsten Moment die technische Fehlleistung. Dass sie daraufhin irritiert und enttäuscht sind, macht eine Erwartungshaltung sichtbar, wonach das Gerät schlichtweg zu funktionieren hat. Wenn das Babyphon diese selbstverständliche Annahme nicht erfüllt, sich technisch widersetzt, wird deutlich, dass Funkstörungen in der elterlichen Vorstellung keinen Platz haben. Folglich dürfen sie auch nicht vorkommen. Diese Einstellung rührt vermutlich unter anderem daher, dass die Nutzer das Babyphon – zumindest unterschwellig – mit anderen technischen Übermittlungsinstrumenten in Beziehung setzen. Wie eingangs bereits dargestellt, liegt der Vergleich mit dem Telefon nahe, der in der Bezeichnung Babyphon auch sprachlich verankert ist. Seit langem etabliert, gilt dieses heutzutage als bewährtes und äußerst zuverlässiges Kommunikationsmittel. Natürlich kann sich jeder einmal verwählen. Abgesehen von dieser menschlich verursachten Verwechslung, weist die Fernmündlichkeit kaum mehr Störungen auf. Während die reibungslose Sprachübermittlung per Telefon oder Handy längst selbstverständlich geworden ist, erwartet der Babyphonierer nun auch eine solch unkomplizierte und zuverlässige Übermittlung der Kindsgeräusche.

Doch beschränken sich die akustischen Fehlleitungen bei Frequenzüberlagerungen keineswegs auf das Weinen der Nachbarskinder. Da einige Eltern, wie eine Mutter zugibt, „nur [...] ihren eigenen Empfänger abstellen", den Sender jedoch „der Faulheit wegen – den ganzen Tag" anlassen, hört mancher Nachbar „von Küchengeräuschen über Wiegenlieder, Familienstreitigkeiten und andere pikante Dinge, ungewollt alles mit und wird so um die [...] verdiente Ruhe gebracht." So berichtet etwa eine Frau: „Unsere Untermieter betreuen ihre 80-jährige Oma im Haus und überwachen die mit einem ähnlichen Gerät. So passierte es oft, dass wir anstatt unserem Baby das Schnarchen der Oma aus dem Empfänger gehört haben! Das war echt nervig, vor allem wussten wir es ja am Anfang nicht und dachten jedes Mal ‚Oh Gott! Was ist mit unserem Baby?' und rasten oft hoch erschrocken ins Kinderzimmer, dabei war es nur die Oma *nerv*." Und während die einen das Schnarchen der pflegebedürftigen Großmutter hören, empfangen andere auch Gespräche der Nachbarn per Funk.

Die Art und Weise, wie solche Vorkommnisse von den Betroffenen vorgetragen werden, dokumentiert ihr Empfinden, unbeabsichtigt und unerwartet eine akustische Demarkationslinie überschritten zu haben. Diese erweist sich zugleich als soziale und moralische Grenze. Sie zu übertreten hinterlässt bei manch einem ein ungutes Gefühl: „Ich konnte sogar einmal mit anhören, wie eine andere Mutter mit ihrem Kind schimpfte, sich zwei Nachbarinnen unterhielten, anscheinend hatten sie vergessen, ihr Babyphon auszuschalten, (keine Angst, hab nicht gelauscht, hab dann natürlich sofort ausgeschaltet [...])." Das Abschalten des Babyphons gleicht in diesem Falle einem Rückzug. Indem die Mutter die ungewollte Verbindung kappt, verlässt sie die fremde Privatsphäre und begibt sich wieder auf vertrautes und sittlich legitimiertes Terrain.

Auffällig an den elterlichen Reaktionen ist, dass sie sich einerseits massiv an den Gesprächen und Geräuschen aus anderen Haushalten stören. Andererseits realisieren aber die wenigsten von ihnen, dass auch sie potenzielle Opfer eines nachbarlichen „Lauschangriffs" sind. Schließlich kann es genauso gut passieren, dass die Übertragung in umgekehrter Richtung passiert und die eigenen häuslichen Unterhaltungen und Geräusche Fremden zu Ohren kommen. Das aber wird offenbar verdrängt. Jedenfalls erwähnen die Babyphonnutzer dieses Thema in ihren Berichten nur selten.

Aber nicht nur Funkstörungen sind irritierend. Einige Geräte bringen neben richtig- oder fehlgeleitetem Babygeschrei auch diverse Knackgeräusche, Pieptöne oder Dauerrauschen hervor, was die betroffenen Nutzer als äußerst unangenehm empfinden. Dabei muss es sich keineswegs um altersbedingte Akustiken handeln. Auch neuere Babyphone lassen in Sachen Übertragungsqualität und Funktionstüchtigkeit häufig zu wünschen übrig. Während die Funkstörungen aus dem „Frequenzgerangel" hervorgehen, entstehen die letztgenannten Geräusche zumeist in den Geräten selbst. Zum einen können technische Fehlfunktionen der Grund sein, zum anderen kann es sich bei Störgeräuschen wie dem Piepen aber auch um ein bewusst vom Hersteller eingesetztes Warnsignal handeln. Ausgelöst und gesendet wird es, wenn die Akkus eines der Geräte leer sind oder auch nach einer Funkunterbrechung zwischen den beiden Einheiten. Eine Bedienungsanleitung erklärt dazu: „Reißt der Funkkontakt vollständig ab, zum Beispiel weil sich das Babygerät außerhalb der Reichweite befindet, oder weil die Batterie des Babygerätes erschöpft ist, gibt das Elterngerät nach kurzer Zeit einen Alarmton ab."[126]

Der Piepton dient demnach der Absicherung und Kontrolle. Er alarmiert die Benutzer bei einem Funktionsausfall und veranlasst – so die Idee der Hersteller – eine Korrektur im Umgang mit dem Gerät. Dank des Signals können die Eltern nun die Batterien wechseln oder die Verbindung wiederherstellen. Also unterstützt das Piepen die Eltern darin, das Babyphon und dessen Funktionstüchtigkeit zu überwachen. Umgekehrt gilt das aber genauso! Denn mit dem Alarmsignal kontrolliert das Babyphon auch die Betreuungsperson. Der Piepton ermahnt sie, ihre Position zu korrigieren und die Geräte wieder in Reichweite zu bringen. Die Babyphonierer haben sich folglich der Technik anzupassen. Sie werden aufgefordert, bestimmte Räume und Positionen nicht zu verlassen beziehungsweise diese wieder aufzusuchen, sollten sie sich einmal davon entfernt haben.

Im Phänomen Signalton zeigen sich die Stärken und Schwächen des Babyphons besonders deutlich. Einerseits kann sich das Gerät nützlich machen, indem es die Betreuungsarbeit mit anderen Tätigkeiten zeitlich in Einklang bringt. Andererseits aber schafft es selbst neue Probleme, die wiederum technischer Lösungen bedürfen.[127] Das Piepsignal gibt hierfür ein drastisches Beispiel. Während es – zumindest aus Herstellersicht – ein hilfreiches Mittel zur Anzeige einer Störung ist, wird es für einige Nutzer selbst zum unerwünschten Störfaktor: „Das Eltern-Gerät besitzt eine Warnfunktion, wenn die Verbindung zum Sendegerät verloren geht. An sich eine gute Idee. Doch leider schlägt diese Funktion bei uns permanent Alarm. Selbst wenn man sich im Nebenzimmer befindet. Das mag zu Hause ja noch angehen, aber [...] im Hotel kann man das Gerät eigentlich nicht [...] benutzen, da das Piepen so laut und penetrant ist, dass man es den anderen Gästen des Restaurants nicht zumuten möchte. Und wir hatten extra ein Zimmer direkt über dem Restaurant gebucht, also eine Entfernung von vielleicht 10 Metern zum Sender. Fazit: Wir würden das Gerät wegen des extrem lauten Warntons, der leider viel zu häufig anschlägt, nicht mehr kaufen."

Besonders prekär wird es vor allem dann, wenn eine der beiden Babyphon-Einheiten komplett ausfällt. Dieser Fall kann aufgrund altersbedingter Schwächen des Gerätes eintreten. Zunächst setzt es gelegentlich aus, um irgendwann gar nicht mehr anzuspringen. Doch kommen Totalausfälle auch bei neuen Geräten vor. So schildert etwa ein Elternpaar, wie es sich unter Zuhilfenahme des Babyphons einen gemütlichen Abend im Wohnzimmer machen möchte: „Das Babyphon steht neben dem Knabberkram und wir sind mal allein ... die Türen sind alle zu. Es ist 21:00 Uhr ... ein menschliches Bedürfnis. Ich stehe auf, öffne die Wohnzimmertür und der nette Abend war vorbei. Ein Geräusch, das mir wohl bekannt ist, dringt an mein Ohr. Meine Tochter (mittlerweile rot wie ein Krebs) steht im Bett und schreit. Das Babyphon macht keine Anstalten anzuspringen und meine Wut auf TCM und seine ‚Rundumversorgung' nimmt ihren Lauf..."

Gerade dann, wenn sich das Kind „die Lungen [...] aus dem Leibe" schreit, weil es nicht gehört wird, reagieren die betroffenen Eltern mit Empörung und Ärger auf das Versagen ihres Babyphons. Fassungslos und enttäuscht sehen sie sich plötzlich der vermeintlichen Willkür ihres technischen Babysitters ausgesetzt: „Das Gerät hat einfach nichts übertragen und an den Einstellungen kann es nicht gelegen haben. Mein Mann hat in das Gerät geradezu gebrüllt, aber der Empfänger nahm keine Notiz davon!" Die elterlichen Reaktionen veranschaulichen, wie sehr die Nutzer auf das Babyphon zählen und auf seine Funktionsfähigkeit bauen. Indem sie es einschalten, um ihren Verrichtun-

Die Benennung als akustischer Babysitter verdeutlicht die Übertragung menschlicher Verantwortung an das technische Gerät.

gen nachzugehen, delegieren sie ihre umfangreichen Betreuungsaufgaben teilweise an das technische Gerät. Das Babyphon wird zum pflichtbewussten Kinderhüter erhoben, dem man vertrauen und elterliche Verantwortung übertragen kann. Kommt es dieser Bestimmung nicht nach, bedeutet dies einen erheblichen Vertrauensbruch. Wenn der Glaube an die Zuverlässigkeit der Technik in einer solch wichtigen Angelegenheit erschüttert wurde, kehrt er wohl nie mehr ganz zurück: „Ich verlasse mich nicht mehr drauf. Ich habe es zwar angeschlossen, aber ich gehe selbst oft genug schauen, das ist mir sicherer".

Hersteller wie Nutzer wissen gleichermaßen um die Problematik eines Vertrauensverlustes. Daher liegt beiden viel daran, die genannten Störungen zu vermeiden. Die Produzenten statten ihre Geräte mit diversen Sicherheitsmechanismen und Kontrollinstrumenten aus. Der erwähnte Piepton ist eine solche Variante. Darüber hinaus gibt es noch Leuchtsignale oder Displays, die – ebenso wie das Piepen – anzeigen, wenn der Empfang unterbrochen wurde oder die Batterien leer sind. Die Möglichkeit, zwischen verschiedenen Kanälen zu wählen, stellt ebenfalls ein solches Mittel dar. Sollten Funküberlagerungen auftreten, kann mit Hilfe des Kanalwahlschalters die Frequenz gewechselt und den Störungen somit ausgewichen werden. Auch zählen der sogenannte Pilotton sowie der aus dem Telefonbereich stammende Übertragungsstandard DECT zu jenen Instrumenten, die funktechnischen Verwechslungen vorbeugen und die Privatsphäre sichern sollen. Sie dienen der Abschirmung vor unerwünschten Zaungästen, sind Filter- und Sondierungstechniken zum Schutz des persönlichen Lebensbereiches. All diese Mittel und Maßnahmen, ihre Fülle und Raffinesse zeigen ganz deutlich, dass der Mensch sich vor Funkstörungen und deren Folgen ängstigt. Zumindest setzt er alles daran, diese bereits im Vorfeld auszuschalten, sie gar nicht erst aufkommen zu lassen.

Und während die Hersteller technische Sicherungshilfen zur Vermeidung von Störungen bereitstellen, reagieren die Nutzer ihrerseits. Funk- und anderen Betriebsstörungen begegnen sie etwa dadurch, dass sie ihr Babyphon abschalten, es beim Hersteller oder Verkäufer reklamieren oder schlichtweg entsorgen: „Wir haben es dann kurzer Hand in den Müll befördert und lieber gelauscht, ob unsere Kleine sich bemerkbar macht, und haben damit bessere Erfahrungen gemacht." In dem Moment, wo die Betreuungspersonen ihr Gerät ausschalten und die Tür zum Kinderzimmer öffnen, kehren sie zu einer vortechnischen Umgangsweise zurück. Hier zeigt sich, dass die fürsorgliche Überwachung vielfach ebenso gut ohne babyphonale Übermittlungen auskommt und das Gerät durchaus entbehrlich ist.

Aber auch Eltern, die ihr Babyphon infolge funktechnischer Überschneidungen nicht gleich verbannen möchten, finden Lösungen, den Störungen zu entgehen. So schildert etwa eine durch nachbarliche Geräuschübertragungen geplagte Mutter: „Tags darauf bei einem Gespräch mit der Nachbarin stellte sich heraus, dass sie den gleichen Babyruf für ihre Kinder benutzte und sie fand das auch recht lustig, denn ihr war es am Vorabend genauso ergangen wie uns, sie wurde unbeabsichtigt ebenfalls zum Lausch-Agenten bei uns. Nun wurde von uns abgesprochen, dass Kanal 1 eben für unsere Nachbarin reserviert war und wir nur noch den Kanal 2 benutzen würden."

Während die einen ihr Gerät abschalten, entsorgen oder den Kanal wechseln, hat sich ein anderer Babyphonierer noch eine andere, scherzhafte Lösungsstrategie überlegt: „Nun, so lassen wir weiter die Türen offen stehen... Beim nächsten Umzug achten wir auf eine BABY-FREIE Nachbarschaft...".

Der Wolf im Schafspelz
Zur unsichtbaren Gefahr Elektrosmog

Eingangs wurde anhand der äußeren Gestalt des Babyphons, seiner Hüllen und Gehäuse die historische Entwicklung des Geräts nachgezeichnet. Gegen Ende dieses Buches sollen einmal mehr Babyphon-Abbildungen befragt werden, und zwar im Hinblick auf einen bedenkenswerten Aspekt, der bislang nicht zur Sprache kam: Elektrosmog[128]. Wie das Babyphon selbst verweisen auch Werbeaufnahmen und Verpackungsdesign auf vielschichtige Konsumentenerwartungen. Das gilt auch für das Thema Elektrosmog.

Auf der Darstellung aus dem Jahre 1989 sind in der linken oberen Ecke mehrere kreisförmige Linien abgebildet. Die solcherart angedeuteten Wellen und der Stecker in der unteren rechten Ecke offenbaren einen recht arglosen Umgang mit Elektrizität und deren Strahlungseigenschaften. Die Abbildung steht damit im deutlichen Gegensatz zu neueren Werbestrategien desselben Herstellers. Denn in gleicher Höhe wie das Markenzeichen „Babyfon®" findet sich auf dem aktuellen Ver-

„Weltweit einzigartig! Völlig frei von elektrischer und magnetischer Strahlung..." – Die Wahrnehmung vermeintlicher Gesundheitsrisiken wie dem Elektrosmog haben sich in den letzten zwanzig Jahren deutlich gewandelt. „Babyfon"-Werbung, 2007.

Vivanco-Werbeblatt, 1989.

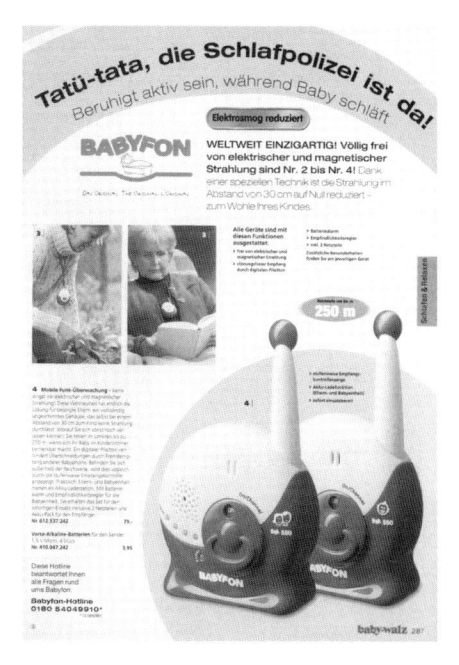

packungskarton ein Siegel des Verbrauchermagazins Öko-Test[129] (siehe Abb. S. 37). Je nach Modell attestiert diese Qualitätsplakette dem Gerät ein „Gut" oder „Sehr gut". Daneben findet sich goldfarben unterlegt und deutlich hervorgehoben, der Hinweis „Elektrosmog reduziert" oder „Elektrosmog frei!". Während also Elektrizität in Verbindung mit babyphonaler Überwachungstechnik Ende der 80er Jahre noch positiv besetzt war und als fortschrittlich galt, hat sich das Blatt zu Beginn des neuen Jahrtausends deutlich gewendet. Offenbar liegt es der Firma Vivanco sehr am Herzen, ihre Produkte nun durch besonders geringfügige Elektrosmogbelastungen von den Geräten anderer Hersteller abzuheben. Ganz offensiv wird dies kundgetan: An den Außenseiten der Verpackung sowie an deren aufklappbarer Innenseite steht folgendes Zitat geschrieben: „‚Hersteller Vivanco hat's kapiert. Das erste babytaugliche Babyphon wird geboren.' Quelle: Wolfgang Maes, Stress durch Strom und Strahlung, Band 1, 5. Auflage, S. 472." Eine Tabelle, die marktdurchschnittliche Strahlungsmesswerte mit denen der Vivanco-Geräte vergleicht, rundet das Bild ab. Doch nicht nur Vivanco, auch Produzent H&H (Hartig & Helling) wirbt neuerdings mit einem Öko-Test-Urteil, das einem seiner Geräte ein „Gut" bescheinigt.

Die Bewertungskriterien, die dem Expertenurteil zugrunde liegen, lassen sich in den entsprechenden Testberichten nachlesen. Ein zentrales Untersuchungsmerkmal ist dabei die „Belastung mit Elektrosmog"[130]. Im Allgemeinen ist damit eine „alltägliche, zivilisationsbedingte und unsichtbare Belastung durch elektromagnetische Felder"[131] gemeint. Denn ähnlich wie Mobiltelefone erzeugen auch Funk-Babyphone neben elektrischen und magnetischen Feldern hochfrequente elektromagnetische Felder.[132] Diese stehen im Verdacht, auf den menschlichen Organismus einzuwirken und gesundheitliche Schäden zu verursachen. Herz-/ Kreislaufbeschwerden werden ebenso damit in Verbindung gebracht wie Beeinträchtigungen des Nervensystems, des Hormonhaushaltes und des Immunsystems. Die Krankheitssymptome reichen von Kopfschmerzen, Reizbarkeit, Erschöpfung, Allergien und Appetitlosigkeit bis hin zu rheumatischen Krankheiten und Schwindelanfällen.[133]

Im Zusammenhang mit dem Babyphon werden vor allem Schlafstörungen beobachtet und dem Elektrosmog zugeschrieben. So schildert etwa eine „junge Mutter aus Baden-Baden: ‚Meine kleine Tochter Eva hatte nachts immer Probleme. Sie schrie oft, war unruhig, wollte aus dem Bett. Morgens war sie oft wie verkatert. Im ‚Stern-TV' sah ich dann Ihre Demonstration mit dem Babyphon. Das gleiche Babyphon stand nah an Evas Bettchen. Warum wird hier nicht mehr aufgeklärt? Ich habe es sofort entfernt. Sie werden es kaum glauben, aber Evas Symptome verpufften schlagartig, von einer Nacht auf die andere."[134]

Weniger konkret, aber umso besorgter äußern auch andere Eltern ihre Bedenken. In den Erfahrungsberichten ist von „enormen Strahlenwirkungen" die Rede. „Ein unruhiger und schlechter Schlaf" sei dem Kind folglich „vorprogrammiert." Und eine andere Mutter appelliert gar an die Leser: „Schaut in die Medien, kaum einer redet noch gut über Babyphone, denn nach wissenschaftlichen Tests ist bewiesen, dass diese zum KINDSTOD führen können. Babyphone gehören für mich auf den Müll!!!" Tatsächlich lassen sich „in den Medien" verschiedene Hinweise auf einen Zusammenhang mit dem gefürchteten plötzlichen Säuglingstod finden. Der Baubiologe Wolfgang Maes etwa schreibt: „Einige Geräte waren derart feldintensiv, dass man befürchten musste, dass sie den plötzlichen Kindstod eher forcieren statt verhindern."[135] Verunsicherte Eltern, die das Babyphon eigentlich verwenden, um im Notfall sofort zur Stelle zu sein, stürzt dieser eklatante Widerspruch in große Gewissensnöte. Einerseits wollen sie ihren technischen Helfer zum Wohle des Kindes einsetzen. Andererseits verweisen Experten wie Maes auf dessen schädliche Einflüsse. Möglicherweise bewirkt der kleine Helfer also genau das Gegenteil dessen, was gewollt ist.

Die Art der Darstellung in den Medien deutet bereits darauf hin, dass die Verkettungen von Ursache und möglichen Folgen (Babyphon = Strahlung = Schlafstörung/Kindstod) trotz vielfältiger wissenschaftlicher Bemühungen bisher nicht eindeutig nachweisbar sind. Die kritischen Beiträge argumentieren daher weniger mit wissenschaftlichen Erkenntnissen, vielmehr bringen sie recht vage Spekulationen und diffuse Ängste zum Ausdruck. Dennoch werden sie ernst genommen – von Verbraucherschützern und Konsumenten ebenso wie von industrieller Seite. Schließlich werden darin nicht nur Zusammenhänge zur körperlichen und psychischen Verfassung eines Menschen hergestellt. Von publizierten Urteilen wie jenem in Öko-Test hängen auch die Verkaufszahlen von Babyphonen entscheidend ab. So setzte der Hersteller

Vivanco plötzlich viermal mehr Babyphone um als zuvor, nachdem er das Öko-Test-Siegel erlangt und die Geräte damit gekennzeichnet hatte. Und während die einen mit technologischen Weiterentwicklungen reagieren, ihre Produkte möglichst umweltfreundlich gestalten und entsprechend markieren, bleiben andere Hersteller in Sachen Produktgestaltung und Funktionsweise unbeirrt ihrer Linie treu. Nicht elektrosmog-reduzierende Veränderungen sind das Mittel ihrer Wahl. Stattdessen beschreiten sie den Rechtsweg, um gegen Testurteile und damit verbundene Imageschäden vorzugehen.[136] Die Wirkungen des Test-Urteils sind also unübersehbar und fordern eine Reaktion heraus.[137]

Dass Öko-Test mit der Bewertung von Babyphonen bei Verbrauchern und Produzenten derartige Resonanz erzeugt, spricht dafür, dass es bei der Thematik Elektrosmog keineswegs nur um eine technisch bedingte Nebenwirkung geht. Die Diskussion um die Folgen des Elektrosmogs fußt vielmehr auf komplexen Vorstellungen vom menschlichen Körper, von dessen Gesunderhaltung und möglichen krank machenden Einflüssen. Sie ist gekennzeichnet von einem bestimmten Umweltsch(m)utzverständnis, von institutionellen und persönlichen Macht- und Ohnmachtserfahrungen im Kontext von Familie und Umwelt. Vor allem kommt darin aber eine „für schleichende, nicht sinnlich wahrnehmbare Risiken typische Unsicherheit über potenziell zukünftige zu erwartende Schäden"[138] zum Tragen.

Die vom Babyphon ausgehende sinnlich nicht fassbare Strahlung erzeugt bei einigen Eltern Angst. Gründet das alltägliche Handeln im Wesentlichen „auf dem Vertrauen in" die „unmittelbare Sinneswahrnehmung", wirken beim Thema Elektrosmog lediglich „Sekundärerfahrungen"[139]. Eine besondere Rolle kommt hierbei den Medien zu. Ihnen können interessierte Eltern entnehmen, was es mit dem Elektrosmog auf sich hat, wie er wirkt, ob er womöglich gesundheitsgefährdend ist und wie mit ihm umgegangen werden kann. Doch sind die medialen Informationen keineswegs eindeutig. Häufig stiften sie eher Verwirrung oder rufen Ängste, Sorgen und Unsicherheiten überhaupt erst hervor.

In der Hoffnung, dass naturwissenschaftliche Erkenntnisse Abhilfe schaffen, verlangen viele Eltern nach vermeintlich objektiven Experten. Wissenschaftliche Tests und verbraucherschutznahe Institutionen sollen möglichst beruhigende Argumente liefern – für die Anschaffung des einen oder des anderen Babyphons. Diesen Quellen bringen die Eltern Vertrauen entgegen, an sie delegieren sie ein Stück eigener Verantwortung: „Habe das BM 400 für immerhin 89 EUR gekauft, weil es Testsieger bei Ökotest geworden ist", schildert ein Elternteil, ein anderes formuliert: „Geräte von Philips fielen für mich gleich aus, da fast alle Geräte laut Öko-Test immer sehr hohe Strahlungswerte aufweisen (E-Smog). [...] Erst bei dem H&H MBF 4444 gab es ein „Gut" von Öko-Test [...]. Sehr geringe Strahlung und somit gesund fürs Baby." Indem sich die Eltern auf Öko-Test als wissende Instanz berufen, institutionalisieren sie gewissermaßen ihre persönlichen Unsicherheiten. Die durch die Unsichtbarkeit der Strahlung entstehende Angst und Ohnmacht – die „unmodernste[n] aller Gefühle"[140] also – werden auf diese Art bewältigt.

Die Hinweise auf Verpackungen und in Werbebroschüren sind demnach auch Mittel zur „Angstreduktion"[141]. Sie sind den Eltern Richtschnur und Wegweiser für ihre Kaufentscheidung und lindern zugleich ihre Angstbeschwerden.

Schließlich reagieren die Hersteller mit dem Nachweis eines Öko-Test-Siegels auch auf eine bestehende Umwelt-Debatte. Sie satteln auf eine ohnehin schon vorhandene Auseinandersetzung um Umweltgifte und deren Einflüsse auf den kindlichen Organismus auf. „Es wächst das Bewusstsein um die Zunahme ökologischer Gefahren, die als ‚ungewollte Nebenfolgen' der technisch-wissenschaftlichen Zivilisation allerorts auftauchen. Die Natur ist bedroht, vom sterbenden Wald bis zu den sterbenden Robben. Und bedroht ist in besonderem Maß auch das Kind, weil es noch am Anfang seiner Entwicklung steht, deshalb zart, formbar, störungsanfällig ist."[142] Die hier von der Soziologin Elisabeth Beck-Gernsheim beschriebene „Umwelt-Orientierung"[143] kam im ausgehenden 20. Jahrhundert auf und verstärkt sich seither fortlaufend. Die erwähnten, bereits vielfach erschienenen Öko-Test-Ratgeber belegen dies ebenso wie die rasant steigende Nachfrage nach Bioprodukten.

Kinder nehmen in der Beschäftigung mit Umwelteinflüssen eine Sonderstellung ein. Da sie sich noch „in der Entwicklung befinden"[144] und „weitaus empfindlicher" als Erwachsene „auf Schadstoffe und elektromagnetische Strahlung"[145] reagieren, gelten sie als besonders gefährdet. Hinzu kommt, dass Kinder sich selbst nicht schützen kön-

In Sachen neuerlicher Umweltbelastungen gelten Kinder als besonders gefährdet und anfällig. Hersteller und Vertreiber von Haushaltsgegenständen, die Elektrosmog angeblich abschirmen, wissen dies für ihre Zwecke werbewirksam zu nutzen.

nen und Umweltverschmutzungen wehrlos ausgeliefert sind. Folglich haben vor allem die Eltern Sicherungsfunktionen zu übernehmen. Ihnen obliegt es, Möbel, Matratzen, Spielzeuge und Babyphone auf ihre Umwelttauglichkeit hin zu überprüfen und ihre Eignung abzuwägen. Angesichts solch großer Verantwortung suchen Eltern ihrerseits nach Entlastung und Entscheidungshilfen. Das Öko-Test-Siegel ist eine solche Möglichkeit.

Die besondere Sensibilisierung gegenüber dem Elektrosmog-Thema spiegeln auch Bedienungsanleitungen und Gebrauchshinweise wider. So empfehlen die Hersteller, den Sender mindestens einen Meter vom Kinderbett oder Laufstall entfernt zu platzieren[146], Stiftung Warentest rät sogar zu zwei Metern Abstand. Zum einen, um das Kind am Zugreifen zu hindern, zum anderen wegen der entstehenden Strahlung: „Je größer der Abstand, desto geringer die Belastung mit elektromagnetischen Feldern."[147] Diente das Babyphon zunächst dazu, eine gewisse räumliche Distanz zwischen Eltern und Kind zu ermöglichen und so Freiheiten zu schaffen, ist nunmehr auch zum Gerät selbst ein gewisser Abstand einzuhalten. Hier wie da ist folglich ein bestimmtes Verständnis von Nähe und Distanz erforderlich: „Die Nähe macht's", formuliert sodann auch Wolfgang Maes. „Ein bis zwei Meter Abstand sind oft genug, um Risiken zu vermeiden. Abstand heißt die Devise. Oder noch besser: Raus mit allem überflüssigen Elektrokram, zumindest aus dem Schlafbereich."[148] Nun, würde man diesen Hinweis beherzigen, wären die Folgen für die Hersteller fatal. Abgesehen davon zeigen aber die zitierten Empfehlungen, dass die potenzielle Gefährdung des Kindes nicht nur durch die Wahl des Gerätes herabgesetzt werden kann, sondern auch durch die Art und Weise wie es gehandhabt wird. Einmal mehr liegt es in elterlicher Hand, für das Wohl des Kindes zu sorgen – eben auch durch den richtigen Gebrauch des Babyphons.[149]

Die Empfehlung zum Abstandhalten findet sodann auch in den elterlichen Schilderungen ihren Niederschlag, so schreibt eine Mutter: „Ein bisschen nervös machen einen sicher auch die öfters zu hörenden Warnungen wegen dem Elektrosmog und so. Sicher kann man hier gesundheitliche Schäden für das Kind nicht ausschließen. Aber ich denke, man muss hier einfach auch mal das Risiko und den Nutzen gegeneinander aufwiegen. Ein Babyphon, mit etwas Abstand am Bettchen aufgestellt, kann auch Leben retten. Leider kann man seine Kinder auch kaum noch vor diesen umstrittenen Strahlen schützen, oder wer verzichtet schon auf sein Handy, wenn er ein kleines Kind hat."

Den zitierten Schilderungen zufolge haben die Eltern mit dem Einhalten eines gewissen Sicherheitsabstandes einen Weg gefunden, ihr Babyphon als praktischen Alltagshelfer zu verwenden und zugleich ihr Kind vor der vermeintlichen Elektrosmog-Gefahr zu schützen. Folglich nehmen sie das Gerät weniger als unbeherrschbare Strahlungstechnik wahr, sie betrachten es vielmehr als greifbares Produkt, das sie selbst regulieren und steuern können.[150] Zugleich treffen mit der Verwendung des Babyphons sehr verschiedene Bedürfnisse, Ahnungen und Befürchtungen aufeinander, die sich im Grunde kaum vereinbaren lassen: der Wunsch nach Kontrolle und Sicherheit, das Wissen um die unsichtbare Gefahr, das Verlangen, das Kind davon weitgehend abzuschirmen und das Bedürfnis nach Entlastung in der Kinderbetreuung.

Wie den Berichten zu entnehmen ist, werden Nutzen und Risiken des Gerätes in Beziehung gesetzt, Vor- und Nachteile ausgelotet: Wie wichtig sind den Betreuungspersonen persönliche Freiheiten? Welche Bedeutung messen sie der gewonnenen Zeit bei? Für wie grundlegend erachten sie die stetige Überwachung ihres Kindes? Welche Rolle spielen gesundheitliche Risiken infolge von Umweltverschmutzungen für sie? Und wie schätzen sie diese für ihr Kind ein? Die Antworten auf diese Fragen fallen gewiss von Familie zu Familie unterschiedlich aus. Je nachdem, welchen Werten und Lebensstilen die Eltern zusprechen, nehmen sie die Gefahr von Elektrosmog unterschiedlich wahr und bewerten sie differenziert.[151] Während die einen den Gebrauch von Babyphonen skeptisch betrachten und womöglich gänzlich ablehnen, lassen sich andere von Testurteilen und diversen Tipps zur Handhabung leiten. Viele verdrängen die vermeintliche Gefahr völlig oder bemerken sie gar nicht erst.[152] Manch einer akzeptiert das Elektrosmog-Risiko als eine Art „Fortschritts-Opfer"[153], das angesichts der vielfältigen Vorteile, die ein Babyphon bietet, schlichtweg hingenommen wird. Wieder andere beschwichtigen ihr schlechtes Gewissen durch Vergleiche mit anderen technischen Mitteln und deren Strahlungseigenschaften: „Unser Babyphon ist von der Zeitschrift ‚Ökotest' nicht gut bewertet worden. [...] Wir haben uns dennoch für den Kauf entschieden, weil wir denken, dass wahrscheinlich jedes elektrische Gerät im Haushalt wie Fernseher, PC, Handy etc. mindestens genauso viel Elektrosmog produziert. Außerdem erlaubt es die gute Qualität des Babyphons, dass man die Sendereinheit mehrere Meter vom Baby entfernt aufstellt und trotzdem über eine perfekte Übertragung verfügt, und über die große Distanz gesehen dürfte dann nicht mehr allzu viel von dem Elektrosmog beim Baby ankommen. Hier muss natürlich jeder selbst entscheiden, wie wichtig ihm dieses Kriterium ist!"

Ausgeschaltet
Zusammenfassung und Ausblick

Lässt man noch einmal Revue passieren, wie das Babyphon entstanden ist, wie es sich verändert und weiterentwickelt hat, warum und wie es so viele Eltern verwenden und welche Tücken in der vermeintlich harmlosen Technik stecken, so bleibt abschließend festzuhalten, dass dieses Gerät weit mehr als Babys Weinen mitteilt. So unauffällig und selbstverständlich es auf den ersten Blick anmutet – so komplex und facettenreich hat es sich bei näherer Betrachtung erwiesen. Der kleine Streifzug durch die Kulturgeschichte des Babyphons hat gezeigt, dass sich in dessen Verwendung elementare Vorstellungen von Familie und Erziehung widerspiegeln, vom verantwortlichen Umgang mit Kindern und ihrer Umwelt.

So ist das Babyphon in seiner kurzen Geschichte zum wichtigen Hilfsmittel bei der Kinderbetreuung und in der Haushaltsführung avanciert. Da es die Laute des Kindes über einen gewissen räumlichen Abstand hinweg überträgt, können Eltern, ohne selbst im Kinderzimmer zu sein, über ihren Nachwuchs wachen. Folglich ermöglicht das Gerät den Betreuungspersonen, ihre vielfältigen Versorgungsarbeiten zumindest teilweise zu synchronisieren. Es erlaubt ihnen eine flexiblere Tagesgestaltung und gestattet ihnen ein freiheitlicheres Leben – so die Aussage von zahlreichen Nutzern und Herstellern. Wie sich gezeigt hat, greift eine solche Vorstellung jedoch zu kurz, denn sie klammert vielfältige andere Aspekte aus.

Das Babyphon ist eben nicht nur Werkzeug zur fürsorglichen Betreuung. Es ist ebenso ein Kontrollinstrument, das die alleinige Macht in die Hände der Eltern legt. Während sich nämlich Mütter und Väter seiner Funktionen ganz selbstverständlich bedienen und ihre Kinder bequem aus der Ferne belauschen können, ist der Nachwuchs seinerseits dem gut gemeinten Abhörmanöver ungefragt ausgeliefert.

Aber nicht nur die kindlichen, auch die elterlichen Aktivitäten werden registriert. Hör- oder sichtbar wird das, wenn der Funkkontakt zwischen Sender und Empfänger abbricht, weil sich die Betreuungsperson samt Babyphoneinheit außerhalb der Reichweite bewegt. Akustische und optische Signale fordern sodann dazu auf, wieder in die funktechnisch überbrückbare Nähe zu rücken. Mit Hilfe des Babyphons können also nicht nur Eltern ihre Kinder überwachen, sie werden ihrerseits auch vom Gerät kontrolliert und in ihre Schranken gewiesen.

Wie man sehen kann, ist die babyphonale Übertragungstechnik höchst ambivalent: Einerseits dient sie der Schaffung von Freiräumen, andererseits zwingt sie ihre Nutzer zur Einhaltung bestimmter Grenzen. Zwar unterstützt sie Eltern in ihrem Bemühen um Kontrolle, kontrolliert sie aber auch selbst. Und während Mütter und Väter mittels des Babyphons ein Stück eigener Freiheit zurückgewinnen möchten, geraten sie erneut in ein Abhängigkeitsverhältnis: „Diese Geräte machen ‚abhängig'. Als Vater eines 9 Monate alten Jungen weiß ich in diesem Fall, wovon ich rede. Man gewöhnt sich derart an den Gebrauch dieser Geräte, dass deren zeitweise Abwesenheit teilweise zu übernervösen Suchattacken führt, obwohl eigentlich sichergestellt ist, dass man das Kind auch durchaus ohne dieses Gerät in keinem Fall überhören würde." Mütter und Väter gewöhnen sich folglich sehr rasch an die Bequemlichkeiten des Gerätes. Umso empörter reagieren sie, wenn die akustische Lautübertragung aus dem Kinderzimmer einmal ausfällt. Widersprüchlich ist zudem, dass für die meisten Eltern die Erziehung ihrer Kinder zu selbstständigen und unabhängigen Persönlichkeiten die wichtigste pädagogische Aufgabe darstellt. Zugleich unterziehen sie ihre Sprösslinge einer unentwegten Überwachung – Pädagogen sprechen in diesem Zusammenhang von „Mother-watching" und „Helicopter-parenting"[154]. Zwar möchten sie ihren Kindern die denkbar größten individuellen Entfaltungsmöglichkeiten bieten, zugleich aber benutzen sie Geräte wie Babyphon, Telefon oder Handy, als seien diese die längsten Nabelschnüre der Welt.

Doch das Babyphon offenbart noch weitere Widersprüche: So trägt die Furcht vor dem plötzlichen Säuglingstod bei vielen Eltern dazu bei, ein Babyphon zu verwenden. Demgegenüber weisen die Geräte vielfach sehr hohe Elektrosmogbelastungen auf. Manch ein Kritiker vertritt daher die Auffassung, das Babyphon selbst verursache gesundheitliche Schäden und trage gar zum plötzlichen Kindstod bei. Das mag zwar eine recht gewagte These sein, doch ändert das nichts an einem merkwürdigen Phänomen: Während das Babyphon eigentlich den friedlichen Schlaf des Kindes begleiten soll, vermuten manche leidgeplagten Eltern, dass durch seine Strahlungseigenschaften Schlafstörungen überhaupt erst entstehen.

Nicht zuletzt ist das Babyphon ein Gebrauchsgegenstand, der auch in Sachen Privatsphäre widerständig und ambivalent ist. So hat Babyphonieren einerseits mit intimen Räumen und deren Abgrenzungen zu tun. Andererseits kommt es aber immer wieder zu Funkstörungen und Überlagerungen mit anderen Geräten. Die gewöhnlichen Grenzen zwischen privatem und öffentlichem Geschehen werden überschritten. Innerfamiliäre Akustiken gelangen ungewollt und zumeist überraschend nach außen, erreichen einen falschen Adressaten. Das Innen verkehrt sich ins Außen, das Private wird öffentlich. In der Irritation über solch unplanmäßige Übermittlungen wird sichtbar, wie sehr die Nutzer auf das einwandfreie Funktionieren des Gerätes vertrauen und dieses voraussetzen.

Eine persönliche Note erlangt das Babyphon als beliebter Geschenkartikel. Denn auf vielfachen Wunsch der Eltern werden die kleinen praktischen Alltagshilfen insbesondere von Großeltern gerne zur Geburt überreicht. Das Gerät verkörpert damit nicht nur einen Willkommensgruß an den neuen Erdenbürger, es ist Zeichen der familiären Neuformierung und wird als solches in den Haushalt eingeführt. Als Medium einer intimen Kommunikation begleitet es Eltern und Kind fortan zumeist über mehrere Jahre.

Und während nun das Babyphon die Eltern bei der Betreuung ihrer Kinder unterstützt, gibt es inzwischen ein vergleichbares Gerät mit nahezu identischer Funktionsweise, aber anderer Ausrichtung: das Seniorfon®. Dieses ist ebenfalls ein Übertragungsmittel für Informationen zwischen Eltern und ihren Kindern, jedoch in einem anderen Lebensabschnitt. Nicht der Nachwuchs wird damit beaufsichtigt, stattdessen überwachen die erwachsenen Kinder das Wohlbefinden ihrer alters- und krankheitsbedingt betreuungsbedürftigen Eltern. Zusätzlich zur akustischen Raumüberwachung verfügt das Seniorfon® über einen Alarmknopf an der Sendeeinheit, um in einer gegebenen Notsituation damit rasch Hilfe holen zu können. Beide Geräte – Seniorfon® und Babyphon – sind somit Mittel zur häuslichen Pflegearbeit. Beide werden zwischen eine menschliche, zumeist sehr intime, Beziehung geschaltet, beide sind Vermittler und Trennungsglied zugleich.

Anmerkungen

1. Vgl. S. Meyer, E. Schulze: Technisiertes Familienleben, S. 19–39, vor allem S. 21f.
2. Nächtliche Aufpasser, S. 68.
3. Zur Bedeutung von Ratgeberliteratur als Quelle wissenschaftlicher Forschung vgl. etwa U. Jeggle: Trost und Rat: Trostlos. Ratlos, S. 341–358. Vgl. auch T. Heimerdinger: Alltagsanleitungen?, S. 57–71.
4. B. Hungerland: „Und so gedeiht das Baby!", S. 152.
5. G. Altmann-Gädke, K. Hansen: Säugling und Kleinkind, S. 38.
6. J. Haarer: Die Mutter und ihr erstes Kind, S. 117.
7. S. Häussler: Ärztlicher Ratgeber für die werdende und junge Mutter, S. 53.
8. Junge Mutti 3/1964, S. 11.
9. Ebd. Ähnliche Empfehlungen in Sachen Betreuung finden sich auch bei: E. Burkhard: Muss Mutti immer zu Hause bleiben? In: Junge Mutti 5/1969, S. 19; Hanna Dollinger: Wie teuer ist ein Babysitter? In: Junge Mutti 6/1969, S. 12; Irene Besser: Wo finde ich einen Babysitter? In: Junge Mutti 8/1970, S. 2; Kann das Klein-Kind allein bleiben? In: Moderne Mutti 11/1974, S. 10; Babysitter. In: Eltern 1/1975, S. 137 oder: Wer passt aufs Baby auf, wenn die Mutter etwas außer Haus erledigen muss? In: Eltern 6/1975, S. 103.
10. Junge Mutti 11/1973, S. 8.
11. Junge Mutti 2/1974, S. 8.
12. Vgl. etwa Unfalltod in der Wiege. In: Babypost für die moderne Mutter und ihr Kind 11/1976, S. 2; S. Schönfeldt: Knaurs Babybuch, S. 146; Diesen Babysitter mag auch ihr Kind. In: Junge Mutti 4/1968, S. 14.
13. Vgl. etwa E. Herzner: „Allein lassen". In: Junge Mutti 2/1974, S. 8. Die Psychologin E. Herzner beschreibt exemplarisch, wie wichtig es für die gesunde Entwicklung des Kindes ist, seine Bedürfnisse nach Nahrung und mütterlicher Nähe zu befriedigen und welche Folgen es hat, wenn diesen nicht entsprochen wird. Vgl. ferner: Darf man das Baby allein lassen? In: Moderne Mutti 8/1978, S. 4 sowie: S. Schönfeldt: Knaurs Babybuch, S. 146.
14. B. Hungerland: „Und so gedeiht das Baby!", S. 159.
15. Beate Diele: Wieviel Ruhe braucht ein Baby? In: Eltern 2/1980, S. 65–67.
16. B. Hungerland: „Und so gedeiht das Baby!", S. 155f.
17. Jedes Kind braucht diese drei wichtigen „Z". Mütter-Magazin 1/1979, S. 2.
18. B. Hungerland: „Und so gedeiht das Baby!", S. 156.
19. Vgl. beispielsweise Einmal im Elternbett – immer im Elternbett? In: Baby 7/1993, S. 16. Weitere Praktiken der alternativen Erziehungsbewegung sind das bedarfsgerechte Stillen oder das sogenannte „Rooming in" nach der Geburt eines Kindes.
20. Kleine technische Tricks. In: Unser Kind 2/1981, S. 14.
21. B. Hungerland: „Und so gedeiht das Baby!", S. 157.
22. Der elektronische Babysitter. In: Babypost für die moderne Mutter und ihr Kind 4/1977, S. 23.

23 Elektronik im Kreißsaal. In: Junge Mutti 5/1967, S. 10.
24 Ebd.
25 Ebd.
26 Mathias Welp: Die Geburt auf dem Monitor. In: Babypost für die moderne Mutter und ihr Kind 3/1976, S. 6.
27 Vivanco Wechselsprechanlagen, S. 1.
28 Die Bezeichnung „Babyfon" in der Schreibweise mit „f" ist ein geschützter Markenname der Firma Vivanco. Für die Beschreibung der Gattung verwende ich daher die Schreibweise mit „ph".
29 Vgl. etwa Der elektronische Babysitter. In: Babypost für die moderne Mutter und ihr Kind 4/1977, S. 23.
30 Vgl. S. Meyer, E. Schulze: Technisiertes Familienleben, S. 22.
31 Vgl. dazu etwa W. Rammert: Mit dem Computer zu Hause in den „digitalen Alltag"?, S. 277.
32 Vgl. dazu auch J. Stewart: The social Consumption of information and communication technologies, S. 7.
33 H. Bausinger: Technik im Alltag, S. 239.
34 B. Mettler-Meibom: Technik und Familienalltag, S. 126.
35 Die besagte Werbekampagne wurde im Jahr 2004 von der Firma Vorwerk gestartet Vgl. http://www.vorwerk.com/de/html/familien_managerin.html, Stand 15.01.2008. Sie beinhaltet einen Fernsehspot, der mit einer provokanten Einstiegsfrage eines Herren im grauen Anzug beginnt: „Und Ihr Beruf? Oder sind Sie nur…äh?!", fragt er eine gut aussehende Frau. „Zur Überraschung des Angestellten kontert die Familien-Managerin […] auf seine Frage so schlagfertig, dass dem guten Mann die Worte fehlen: ‚Ich arbeite in der Kommunikationsbranche – und im Organisationsmanagement. Außerdem gehören Qualitätssicherung, Nachwuchsförderung, Forschung, Mitarbeitermotivation und Rechtsprechung zu meinen Aufgaben.' Diese Aufzählung setzt die Familien-Managerin ungerührt fort, im Spot unterlegt von den Bildern ihres Alltags zu Hause: beim Kochen, beim Lernen mit den Kindern, beim Streitschlichten, beim Saugen und Bügeln, beim Einrichten der Wohnung oder beim Verarzten ihres Mannes", so die Pressemitteilung des Unternehmens. „Fazit des TV-Spots: Wer zu Hause in der Familie arbeitet, hat allen Grund, stolz auf sich und seine Leistung zu sein. So begegnet die Familien-Managerin schließlich der Geringschätzung des Büroangestellten selbstbewusst im Spot mit dem inzwischen zu Kult gewordenen Satz: ‚Ich führe ein sehr erfolgreiches, kleines Familienunternehmen.'" http://www.familien-managerin.de/familienportal/familie_und_gesellschaft/wichtigste_beruf.php Stand 15.01.2008. Aber nicht nur Vorwerk macht sich das Bild der Familien-Managerin zu Eigen. Auch die Journalistin und Buchautorin Catharina Aanderud untertitelt ihr jüngstes Werk „Hausfrau – die unterschätzte Familien-Managerin". Catharina Aanderud: Schatz, wie war dein Tag auf dem Sofa? Hausfrau – die unterschätzte Familien-Managerin. München 2006. Dass viele Frauen sich tatsächlich auch selbst in der Rolle der Familien-Managerin sehen, macht zudem die Tatsache sichtbar, dass es einen „Berufsverband der Familien-Managerinnen" gibt. Vgl. http://www.bfm-agf.ch Stand 22.01.2008.
36 Babyfon – Brockhaus Enzyklopädie in 30 Bänden, 21. Aufl. Leipzig, Mannheim 2006.
37 Vgl. F. Renggli: Selbstzerstörung aus Verlassenheit, S. 205.

38 P. H. Christensen: Kindheit und die kulturelle Konstitution verletzlicher Körper, S. 130.
39 F. Renggli: Selbstzerstörung aus Verlassenheit, S. 205.
40 A. J. Solter: Warum Babys weinen, S. 48.
41 K. Schlenz: Bekenntnisse eines Säuglings, S. 28f.
42 Tyrannen werden erzogen – nicht geboren. In: Junge Mutti 7/1964, S. 6.
43 S. Häussler: Ärztlicher Ratgeber für die werdende und junge Mutter, S. 53.
44 Aller Anfang ist schwer. In: Junge Mutti 6/1963, S. 2.
45 S. Häussler: Ärztlicher Ratgeber für die werdende und junge Mutter, S. 53.
46 Aller Anfang ist schwer. In: Junge Mutti 6/1963, S. 2.
47 Ihr Baby schläft am besten allein. In: Junge Mutti 4/1966, S. 10.
48 Babies nicht weinen lassen. In: Moderne Mutti 1/1975, S. 8.
49 Das Acht-Monats-Schreien. In: Moderne Mutti 6/1978, S. 8.
50 Eltern 4/2007, S. 130.
51 In den 70er Jahren tauchen erstmals Gegenstimmen auf, die den Spruch als dumm und von der Zeit überholt erachten. Vgl. Nachts schreien lassen? In: Babypost für die moderne Mutter und ihr Kind 8/1977, S. 6. Vgl. auch B. Nash, L. Schulz-Wild: Das neue große Babybuch, S. 124.
52 Die ursächlichste und tiefgreifendste dieser Leidenserfahrungen ist nach Meinung von Franz Renggli in der postnatalen Trennung von Mutter und Kind zu suchen. Vgl. F. Renggli: Selbstzerstörung aus Verlassenheit, S. 196–222.
53 http://de.wikipedia.org/wiki/kinderzimmer, Stand 11.04.2007.
54 R. Gehrke-Riedlin: Das Kinderzimmer im deutschsprachigen Raum, S. 70.
55 I. Weber-Kellermann: Die Kinderstube, S. 118, S. 120.
56 R. Gehrke-Riedlin: Das Kinderzimmer im deutschsprachigen Raum, S. 70.
57 Vgl. etwa L. Aureden: Was Frauen wissen sollten, S. 106. Aufgrund seiner geringen Größe wird das Kinderzimmer hier als „Schmerzenskind der Hausfrau" bezeichnet. Vgl. auch Kein Platz für Kinder? In: Junge Mutti 6/1971, S. 18.
58 Ihr Baby schläft am besten allein. In: Junge Mutti 4/1966, S. 10.
59 Baby braucht ein eigenes Reich – auch wenn es klein ist. In: Junge Mutti 4/1966, S. 10.
60 W. Bellwald: Das Kinderzimmer, S. 383f.
61 J. Buchner-Fuhs: Das Kinderzimmer, S. 159.
62 F. Renggli: Selbstzerstörung aus Verlassenheit, S. 209.
63 Ratgeber empfehlen dies zumindest: „Das Kinderzimmer sollten Sie, trotz möglicher Vorbehalte, in jedem Fall vor der Geburt einrichten." Miriam Stoppard: Das große Ravensburger Babybuch. Ravensburg 1983, S. 43.
64 R. E. Davis-Floyd: Der technokratische Körper, S. 338.
65 Ebd.
66 Erfahrungsbericht des Verbraucherportals http://www.ciao.de, Stand August 2006. Die Internetberichte sind von Verbrauchern für Verbraucher geschrieben. Die Autoren schildern darin ihre Erfahrungen mit bestimmten Produkten, um so anderen bei ihrer Kaufentscheidung zu helfen. Die Erfahrungsberichte wurden bisweilen keiner Quellenkritik unterzogen. Sie enthalten tagebuchähnliche Aufzeichnungen und Alltagsbeschreibungen, sind Produktbewertungen und haben Ratgebercharakter.
67 Burkhard Fuhs beschreibt den „feste[n] Verbund der Körper von Erwachsenen und Kindern durch […] Handkontakt" auch als „eine Körpertechnik der Synchronisation

der Erwachsenen mit den Kindern [...]: es ist eine generationale Körperordnung, die auch der Sicherung und Kontrolle der Kinder dient." B Fuhs: Der Körper als Grenze zwischen den Generationen, S. 67.

68 T. Hengartner: Das Telefon wird alltäglich, S. 114.
69 Vgl. etwa ebd. S. 72f.
70 Blumer, Florian: Die Elektrifizierung eines Baselbieter Dorfes, S. 435. Zit. nach T. Hentgartner: Das Telefon wird alltäglich, S. 110.
71 T. Hengartner: Das Telefon wird alltäglich, S. 88 – 90. Vgl. auch T. Hengartner: Telefon und Alltag, S. 258.
72 Mehr Zeit für die Hausfrau, Broschüre, hrsg. von „Pro Telephon" 1928, S. 4. Zit. nach T. Hengartner: Das Telefon wird alltäglich, S. 88.
73 Pro Telephon, Inserate 1927. Zit. nach T. Hengartner: Das Telefon wird alltäglich, S. 96.
74 Da gerade Werbung auf Sehnsüchte zurückgreift, weniger auf reale Tatsachen, bleibt zu vermuten, dass viele Mütter sich isoliert fühlen. Ihr Dasein ist auf das Haushalten beschränkt (was viele nun jedoch ändern) und somit fehlt der Kontakt zu anderen. Das Babyphon seinerseits „erfüllt" die Sehnsüchte nach Kontakten und Freiheiten, vermittelt zumindest die Idee davon.
75 Gemeinsam Sorge tragen, S. 7.
76 Etwa das „Siemens Gigaset S450". Dessen Bedienungsanleitung findet sich unter: http://shc-download.siemens.com/repository/1187/118772/A31008-M1716-B101-1-19_de_NET.pdf, Stand 17.01.2008. Auf Seite 36 der Bedienungsanleitung ist die Verwendung des Babyalarms erläutert.
77 Gemeinsam Sorge tragen, S. 7.
78 Bedienungsanleitung für das Babyfon BM 440 ECO PLUS, S. 6.
79 Ursachen und Folgen der Vereinsamung beschreibt die Soziologin Elisabeth Beck Gernsheim. Vgl. E. Beck-Gernsheim: Mutterwerden, S. 72f und S. 80.
80 Philips Babycare, S. 26.
81 Vgl. R. Silverstone u. a.: Information and communication technologies, S. 24.
82 B. Mettler-Meibom: Technik und familiärer Alltag, S. 118. Angaben des Statistischen Bundesamtes belegen, dass der Anteil von „Einzelkind-Familien" seit den 70er Jahren deutlich gestiegen ist. Vgl. S. Meyer, E. Schulze: Technisiertes Familienleben, S. 33.
83 B. Mettler-Meibom: Technik und familiärer Alltag, S. 129.
84 Einige statistische Angaben hierzu finden sich in: S. Meyer, E. Schulze: Technisiertes Familienleben, S. 38. Sehr eindrücklich beschreibt auch die Kulturwissenschaftlerin Lisa M. Hoecklin die Tatsache, dass die Kinder-„Betreuung als ‚natürliche', private Familienangelegenheit" erachtet wird. Vgl. L. M. Hoecklin: Mutterschaft im Vaterland, S. 80f.
85 B. Mettler-Meibom: Technik und familiärer Alltag, S. 121.
86 P. H. Christensen: Kindheit und die kulturelle Konstitution verletzlicher Körper, S. 117.
87 A. Maihofer u. a.: Wandel der Familie, S. 34.
88 Der Soziologe Frank Furedi spricht gar von einer „Sakralisierung der Kindheit". F. Furedi: Die Elternparanoia, S. 141f.
89 S. Meyer, E. Schulze: Technisiertes Familienleben, S. 33. Eindrücklicher Beleg für die an die „Familienfrau" gerichteten Ansprüche ist die Werbung. Die Frau ist hier nicht mehr „die langweilige Sklavin der Hemden ihres Mannes." Zwar wird sie „immer

noch mit der häuslichen Sphäre identifiziert, aber jetzt ist sie klug, humorvoll und auf eine gewitzte Art rebellisch. Wie früher wird sie als diejenige gezeichnet, die die Verantwortung für die Lebensqualität hat. Heute jedoch wird sie mit den wesentlich höheren Anforderungen fertig, die aus der erhöhten Individualität der Familienmitglieder entstehen." C. Cockburn, S. Ormrod: Wie Geschlecht und Technologie in der sozialen Praxis „gemacht" werden, S. 41. Doch sind die gestiegenen Erwartungen keineswegs nur virtueller Natur. Zu den ganz reellen Leistungsanforderungen vgl. etwa M. Maruani: Die gewöhnliche Diskriminierung auf dem Arbeitsmarkt, S. 54 sowie A. Maihofer u. a.: Wandel der Familie, S. 32–36.

90 H. Bilden: „Geschlechtsspezifische Sozialisation", S. 806.
91 B. J. Warneken: Umgang mit Gefahr, S. 6.
92 T. Gsella: Kille Kuckuck Dideldei, S. 85.
93 VDI Nachrichten vom 18. Mai 2007, S. 44. In dem Satz wird das Bild der „idealen Mutter" gezeichnet, lebt diese doch „in der beständigen Furcht, dass ihren Kindern etwas zustoßen könnte." E. Badinter: Die Mutterliebe, S. 201.
94 Zu den Praktiken der „öffentliche[n] und private[n] Kontrolle des kindlichen Aufwachsens" und deren Bedeutungen vgl. B. Hungerland: „Und so gedeiht das Baby!", S. 143–147.
95 Vgl. R. Stork: Videoüberwachung und Vollwertkost, S. 3.
96 D. Nogala: Der Frosch im heißen Wasser, S. 2f.
97 Ebd. S. 2.
98 Vgl. ebd. S. 2ff.
99 Wie stark sich das Kontrollbedürfnis seitens der Eltern und der Gesellschaft bereits in vorgeburtlichen Untersuchungsverfahren niederschlägt und welche kulturellen Hintergründe diese haben, hat Robbie E. Davis-Floyd analysiert. Vgl. R. E. Davis-Floyd: Der technokratische Körper, S. 331.
100 Der deutlich überwiegende Teil der Erfahrungsberichte ist von Frauen geschrieben. Dies verweist darauf, dass insbesondere Frauen sich die Technik des Babyphonierens zu Eigen machen. Schließlich sind zumeist sie es, denen die Kinderbetreuung obliegt, insbesondere im Säuglings- und Kleinkindalter.
101 Bébétel. Das Babyphone per Telefon!, S. 1.
102 Für die treffliche Formulierung danke ich herzlichst PD Dr. Martin Dornes.
103 Ähnlich verhält es sich mit dem Mobiltelefon, wenn Eltern – währenddessen sie selbst arbeiten oder anderen Beschäftigungen nachgehen – ihre Kinder kontaktieren oder umgekehrt. Das Handy wird dann häufig dazu verwendet, um zu hören, wo sich die Kinder gerade befinden und was sie tun. Vgl. G. M. Vestby: Technologies of Autonomy?, S. 72.
104 Vgl. D. Nogala, S. 2.
105 Vgl. etwa E. Beck-Gernsheim: Mutterwerden, S. 114–119. Ferner: Schwerpunktbericht der Gesundheitsberichterstattung des Bundes, S. 21–85.
106 F. Furedi: Die Elternparanoia, S. 62.
107 Schwerpunktbericht der Gesundheitsberichterstattung des Bundes, S. 36–45.
108 Der plötzliche Kindstod ist das unerwartete und unerklärbare Versterben eines Kindes. In den Industrienationen gilt er als häufigste Todesursache bei Kindern im ersten Lebensjahr. Während einer Internationalen Konferenz in Seattle im Jahre 1963 diskutierten betroffene Eltern und Wissenschaftler erstmals die Ursachen für das Phänomen. „Auf der zweiten internationalen Konferenz [...] 1969 stellten dann Ex-

perten epidemiologische Studien zu diesem Thema vor und definierten den Begriff ‚SIDS' [=Sudden Infant Death Syndrome]." Diesem wies die Weltgesundheitsorganisation WHO erstmals 1979 „einen ICD-Code (International Classification of Diseases) zu". (R. Schrader: Vorhersage des Plötzlichen Kindstodes (SIDS), S. 3) Auch wenn bisweilen mehrere Risikofaktoren ausgemacht wurden (Rauchen in der Schwangerschaft, eine Überwärmung des Säuglings sowie die Bauchlage während des Schlafes), sind die eigentlichen Ursachen des plötzlichen Kindstodes nach wie vor ungeklärt. Vgl. http://de.wikipedia.org/wiki/Pl%C3%B6tzlicher_Kindstod, Stand 24.01.2008.
109 F. Furedi: Die Elternparanoia, S. 156.
110 Auch im Zusammenhang mit der Verwendung des Telefons als Kontrollmedium zwischen Eltern und Kindern hat Guri Mette Vestby festgestellt, dass Frauen ein größeres Kommunikationsbedürfnis mit ihren Kindern haben als Männer. Vgl. G. M. Vestby: Technologies of Autonomy?, S. 77f.
111 http://www.netzwelt.de/news/70854-gpstechnik-ueberwacht-eure-kinder.html, Stand 24.01.2008.
112 B. Hungerland: „Und so gedeiht das Baby!", S. 140.
113 Kontrolle total. Der überwachte Bürger. In: National Geographic Deutschland 11/ 2003, S. 37–59.
114 E. Beck-Gernsheim: Mutterwerden, S. 42f.
115 Ebd.
116 F. Furedi, S. 142.
117 Ebd.
118 Ebd. S. 101f.
119 R. Candappa: So seh' ich das, S. 152.
120 Ebd. S.159f.
121 Gemeinsam Sorge tragen, S. 5. Vgl. u. a. auch Bitte keine Babysitter, S. 1.
122 Nächtliche Aufpasser, S. 69.
123 Ebd. S. 68.
124 Ebd.
125 Ebd.
126 Bedienungsanleitung für das Babyfon BM 880 ECO, S. 6.
127 Vgl. H. Bausinger: Perspektiven des Fortschritts, S. 487.
128 Das Wort „Elektrosmog" enthält bereits eine negative Wertung und hat als solches eine symbolische Wirkung. Es setzt sich zusammen aus „Elektro" und „Smog". Letzteres geht aus den englischen Wörtern „smoke" für Rauch und „fog" für Nebel hervor (vgl. Random House Webster's College Dicitonary. New York 1992, S. 1264.). „Elektrosmog" steht folglich vor allem für eine Belastung der Umwelt, ebenso wie für Unbeherrschbarkeit und Machtlosigkeit.
129 „Öko-Test" wurde 1985 gegründet. Das börsennotierte Unternehmen ist „selbsterklärter Vertreter des Verbraucherschutzes" mit einem „Schwerpunkt auf ökologischen Themen". „Öko-Test" „steht in offener Konkurrenz zur ‚Stiftung Warentest'". http://de.wikipedia.org/wiki/%C3%96ko-Test vom 16.10.2007.
130 Der Wolf im Schafspelz, S. 94.
131 M. Karus u. a.: Elektrosmog, S. 7.
132 Nähere Erläuterungen zur Zusammensetzung und Definition von Elektrosmog finden sich unter anderem in: K. Sievers: Elektrosmog, S. 24–46.

133 Zu den Wirkmechanismen von Elektrosmog auf den menschlichen Organismus vgl. ebd., S. 11–21 sowie S. 47–69.
134 W. Maes: Stress durch Strom und Strahlung, S. 43. Wolfgang Maes führt noch weitere solcher Beispiele an. Vgl. etwa S. 44 und S. 100.
135 Ebd. S. 65.
136 Vgl. ebd. S. 65. Die Reaktionen der Babyphonindustrie verweisen sodann auch auf einen viel weitreichenderen Konflikt in Sachen Elektrosmog. Dieser bewegt sich zumeist zwischen zwei Polen: einerseits „Panik total", andererseits „Was soll schon sein". M. Braun, H. Zisler: Elektrosmogreport, S. 112.
137 Auffallend ist die große Zahl an Interessengruppen, die sich im Zusammenhang mit der Elektrosmogdebatte herausbilden – mit jeweils unterschiedlichen Berührungspunkten, Motiven und Zielen. Dazu gehören Eltern und Verbraucherschützer, Mediziner und Krankenkassen, Hersteller und Juristen, Politiker und Medien, Baubiologen, Physiker und andere Wissenschaftler.
138 M. M. Zwick, M. Ruddat: Wie akzeptabel ist der Mobilfunk?, S. 47.
139 H. Gerndt: Tschernobyl als kulturelle Tatsache, S. 161.
140 K. O. Hondrich: Unter der Wolke hilflos, S. 44.
141 B. J. Warneken: Umgang mit Gefahr, S. 6.
142 E. Beck-Gernsheim: Mutterwerden, S. 117.
143 Ebd.
144 Stellungnahme des Bundesamtes für Strahlenschutz zum Artikel der Zeitschrift Öko-Test vom November 2002 „Und täglich strahlt der Babysitter". http://www.bfs.de/de/elektro/papiere/babyphone.html, Stand 31.01.2007.
145 Der Wolf im Schafspelz, S. 94.
146 Bedienungsanleitung für das Babyfon BM 440 ECO PLUS, S. 5; Bedienungsanleitung für das SBC SC465 von Philips, S. 21.
147 Nächtliche Aufpasser, S. 68.
148 W. Maes: Stress durch Strom und Strahlung, S. 86.
149 Der richtige Gebrauch zeichnet sich laut Baubiologen auch dadurch aus, dass das Babyphon so eingestellt wird, dass es nur dann anspringt, wenn das Baby tatsächlich weint. „Stellen Sie den Empfindlichkeitsregler so ein, dass nur Brüller übertragen werden und nicht Muckser. Reagiert er zu empfindlich, dann strahlt das Teil zu oft [...]" W. Maes: Stress durch Strom und Strahlung, S. 471). Andere Strategien zur Risiko-Minimierung seien der Verzicht auf eine Reichweitenüberwachung und die Verwendung von Batterien statt Netzstrom. Werden all diese Maßnahmen eingehalten, ist nach Einschätzung von Experten „eine Menge Elektrosmog vom Tisch". Ebd. S. 472.
150 Vgl. dazu M.M. Zwick, M. Ruddat: Wie akzeptabel ist der Mobilfunk?, S. 21.
151 Ebd. S. 24.
152 Die Tatsache, dass das Thema Elektrosmog in den Berichten von vergleichsweise wenigen Berichterstattern aufgegriffen wird, deutet auf derartige Verdrängungsmechanismen hin.
153 B.J. Warneken (Hg.): Umgang mit Gefahr, S. 25.
154 Wie Hubschrauber kreisen Eltern demnach über den Köpfen ihrer Kinder. Vgl. Astrid von Friesen: Überwachte Kindheit Oder: Erziehung zur Angst. Deutschlandradio Kultur – Politisches Feuilleton vom 25.01.2008. http://www.dradio.de/dkultur/sendungen/politischesfeuilleton/729340/.

Auswahlbibliografie

Literatur

Altmann-Gädke, Gertrud; Hansen, Karl: Säugling und Kleinkind. Ein Buch für das junge Mädchen und die junge Mutter über Pflege, Erziehung und gesundheitliche Gefahren. Hamburg und Bad Heilbrunn 1954.
Aureden, Lilo: Was Frauen wissen sollten. Ein Ratgeber für die Frau. Stuttgart 1958.
Baby: das Mütter-Magazin 7/1986–10/1994.
Babypost 9/1982–1/2008.
Babypost für die moderne Mutter und ihr Kind 5/1970–8/1982.
Baby-Post: Zeitschrift für die junge Mutter 1/1963–4/1970.
Badinter, Elisabeth: Die Mutterliebe. Geschichte eines Gefühls vom 17. Jahrhundert bis heute. München 1983.
Bausinger, Hermann: Perspektiven des Fortschritts. Eine kulturhistorische Kosten-Nutzen-Analyse. In: Dauskardt, Michael; Gerndt, Helge (Hg.): Der industrialisierte Mensch. Hagen 1993, S. 477–491.
Bausinger, Hermann: Technik im Alltag. Etappen der Aneignung. In: Zeitschrift für Volkskunde 77/1981, S. 227–242.
Beck-Gernsheim, Elisabeth: Mutterwerden – der Sprung in ein anderes Leben. Frankfurt am Main 1989.
Bellwald, Waltraut: Das Kinderzimmer. In: Hugger, Paul (Hg.): Kind sein in der Schweiz. Eine Kulturgeschichte der frühen Jahre. Zürich 1998, S. 383–390.
Bilden, Helga: „Geschlechtsspezifische Sozialisation". In: Klaus Hurrelmann u. a. (Hg.): Handbuch der Sozialisationsforschung. Weinheim, Basel 1980, S. 777–812.
Braun, Martina; Zisler, Harald: Elektrosmogreport 2006. Poing 2005.
Buchner-Fuhs, Jutta: Das Kinderzimmer. Historische und aktuelle Annäherungen an kindliches Wohnen. In: Breyvogel, Wilfried; Helsper, Werner; Krüger, Heinz-Hermann: Teenie-Welten. Aufwachsen in drei europäischen Regionen. Opladen 1998, S. 147-178.
Buchner-Fuhs, Jutta: Der eigene Raum. Zur Entstehung und Verbreitung des Kinderzimmers. In: Larass, Peter (Hg.): Kindsein kein Kinderspiel. Das Jahrhundert des Kindes (1900–1999). Halle 2000. S. 111–127.
Candappa, Rohan: So seh' ich das. Autobiographie eines Einjährigen. Hamburg 2006.
Christensen, Pia Haudrup: Kindheit und die kulturelle Konstitution verletzlicher Körper. In: H. Hengst, H. Kelle: Kinder – Körper – Identitäten, S. 115–138.
Cockburn, Cynthia; Ormrod, Susan: Wie Geschlecht und Technologie in der sozialen Praxis „gemacht" werden. In: I. Dölling, B. Krais (Hg.): Ein alltägliches Spiel, S. 17–47.
Davis-Floyd, Robbie E.: Der technokratische Körper. Geburt in den USA als kulturelle Ausdrucksform. In: B. Duden, D. Noeres (Hg.): Auf den Spuren des Körpers in einer technogenen Welt, S. 315–358.

Der Wolf im Schafspelz. In: Öko-Test Ratgeber Kleinkinder 8/2006, S. 94–113.
Dölling, Irene; Krais, Beate (Hg.): Ein alltägliches Spiel. Geschlechterkonstruktion in der sozialen Praxis. Frankfurt am Main 1997.
Dörr, Gisela: Frauen, Technik und Haushaltsproduktion. Zur weiblichen Aneignung der Haushaltstechnik. In: S. Meyer; E. Schulze (Hg.): Technisiertes Familienleben, S. 159–176.
Duden, Barbara; Noeres, Dorothee (Hg.): Auf den Spuren des Körpers in einer technogenen Welt. Opladen 2002.
Eltern 10/1966–12/2007.
Fuhs, Burkhard: Der Körper als Grenze zwischen den Generationen. In: H. Hengst; H. Kelle (Hg.): Kinder – Körper – Identitäten, S. 51–72.
Furedi, Frank: Die Elternparanoia. Warum Kinder mutige Eltern brauchen. Frankfurt am Main 2002.
Gehrke-Riedlin, Renate: Das Kinderzimmer im deutschsprachigen Raum. Eine Studie zum Wandel der häuslichen Erfahrungs- und Bildungswelt des Kindes. Göttingen 2002.
Gerndt, Helge: Tschernobyl als kulturelle Tatsache. In: Harmening, Dieter; Wimmer, Erich (Hg.): Volkskultur – Geschichte – Region. Festschrift für Wolfgang Brückner zum 60. Geburtstag. Würzburg 1992, S. 155–176.
Gsella, Thomas: Kille Kuckuck Dideldei. Gedichte mit Säugling. München 2001.
Haarer, Johanna: Die Mutter und ihr erstes Kind. München 1965.
Häussler, Siegfried: Ärztlicher Ratgeber für die werdende und junge Mutter. Baierbrunn 1968.
Heimerdinger, Timo: Alltagsanleitungen? Ratgeberliteratur als Quelle für die volkskundliche Forschung. In: Rheinisch-westfälische Zeitschrift für Volkskunde 51/2006, S. 57-71.
Hengartner, Thomas: Das Telefon wird alltäglich. Zu einer Alltags- und Erfahrungsgeschichte des Telefons. In: Stadelmann, Kurt; Hengartner, Thomas (Hg.): Telemagie. 150 Jahre Telekommunikation in der Schweiz. Zürich 2002, S. 66–151.
Hengartner, Thomas: Telefon und Alltag. Strategien der Aneignung und des Umgangs mit der Telephonie. In: Thomas Hengartner, Johanna Rolshoven (Hg.): Technik – Kultur. Formen der Veralltäglichung von Technik – Technisches als Alltag. Zürich 1998, S. 245–262.
Hengst, Heinz; Kelle, Helga (Hg.): Kinder – Körper – Identitäten. Theoretische und empirische Annäherungen an kulturelle Praxis und sozialen Wandel. Weinheim und München 2003.
Hoecklin, Lisa M.: Mutterschaft im Vaterland. In: Hauschild, Thomas; Warneken, Bernd Jürgen (Hg.): Inspecting Germany. Internationale Deutschland-Ethnographie der Gegenwart. Münster, Hamburg, London 2002, S. 74–88.
Hondrich, Karl Otto: Unter der Wolke hilflos. In: Der Spiegel 21/1986, S. 44.
Hungerland, Beatrice: „Und so gedeiht das Baby!". Altersgerechte Entwicklung und Gesundheit als gesellschaftliche Norm und Leistung. In: H. Hengst; H. Kelle (Hg.): Kinder – Körper – Identitäten, S. 139–160.
Jeggle, Utz: Trost und Rat: Trostlos. Ratlos. Was lehren uns Ratgeber? In: Brunold-Bigler, Ursula; Bausinger, Hermann (Hg.): Hören – Sagen – Lesen – Lernen. Bausteine zu einer Geschichte der kommunikativen Kultur. Festschrift für Rudolf Schenda zum 65. Geburtstag. Bern, Berlin, Frankfurt am Main, New York 1995, S. 341–358.

Junge Mutti: Ratgeber für werdende und junge Mütter 1/1963–3/1974.
Karus, Michael u. a.: Elektrosmog – Gesundheitsrisiken, Grenzwerte, Verbraucherschutz. Heidelberg 1997.
Maes, Wolfgang: Stress durch Strom und Strahlung. Neubeuern 2005.
Maihofer, Andrea; Böhnisch, Tomke; Wolf, Anne: Wandel der Familie (= Arbeitspapier 48. Zukunft der Gesellschaft). Düsseldorf 2001.
Maruani, Margaret: Die gewöhnliche Diskriminierung auf dem Arbeitsmarkt. In: I. Dölling, B. Krais (Hg.): Ein alltägliches Spiel, S. 48–72.
Mettler-Meibom, Barbara: Technik und familialer Alltag. Wider die Beliebigkeit des forschenden Blicks. In: S. Meyer, E. Schulze (Hg.): Technisiertes Familienleben, S. 117–129.
Meyer, Sibylle; Schulze, Eva (Hg.): Technisiertes Familienleben. Blick zurück und nach vorn. Berlin 1993.
Meyer, Sibylle; Schulze, Eva: Technisiertes Familienleben. Ergebnisse einer Längsschnittuntersuchung 1950–1990. In: Dies. (Hg.): Technisiertes Familienleben, S. 19–40.
Moderne Mutti: der aktuelle Ratgeber von der Schwangerschaft bis ins Vorschulalter 4/1974–11/1978.
Mütter-Magazin: Alles über Geburt, Gesundheit, Erziehung 1/1968–7/1985.
Nächtliche Aufpasser – Babyfone – Worauf Sie achten müssen: Ton- und Bildqualität, Reichweite, Störanfälligkeit, Elektrosmog. In: Test der Stiftung Warentest 11/2005, S. 68–71.
Nash, Barbara; Schultz-Wild, Lore: Das neue große Babybuch. München 1978.
Nogala, Detlef: Der Frosch im heißen Wasser. Die Trivialisierung von Überwachung in der informatisierten Gesellschaft des 21. Jahrhunderts. Online-Publikation vom 25.10.2000: http://www.heise.de/tp/r4/artikel/8/8988/1.html [Stand 01.08.2007].
Rammert, Werner: Mit dem Computer zu Hause in den „digitalen Alltag"? Visionen und Wirklichkeit privater Computernutzung. In: S. Meyer, E. Schulze (Hg.): Technisiertes Familienleben, S. 277–298.
Renggli, Franz: Selbstzerstörung aus Verlassenheit. Die Pest als Ausbruch einer Massenpsychose im Mittelalter. Zur Geschichte der frühen Mutter-Kind-Beziehung. Hamburg 1992.
Schlenz, Kester: Bekenntnisse eines Säuglings. München 2006.
Schönfeldt, Sybil: Knaurs Babybuch. Zürich 1976.
Schrader, Rainer: Vorhersage des Plötzlichen Kindstodes (SIDS) – Prädikationsmodelle aus niedersächsischen Perinataldaten. Hannover 1997.
Schubert, Ingrid u. a.: Schwerpunktbericht der Gesundheitsberichterstattung des Bundes. Gesundheit von Kindern und Jugendlichen. Berlin 2004.
Sievers, Knut: Elektrosmog – die unsichtbare Gefahr. Erkennen, bekämpfen, vermeiden zu Hause und im Büro. Das umfassende Praxisbuch. München 1997.
Silverstone, Roger; Hirsch, Eric; Morley, David: Information and communication technologies and the moral economy of the household. In: Silverstone, Roger; Hirsch, Eric (Hg.): Consuming Technologies: Media and Information in Domestic Spaces. London 1992, S. 15–31.
Solter, Aletha J.: Warum Babys weinen. Die Gefühle von Kleinkindern. München 2004.
Spörrle, Mark: Babyphonie. In: Ders.: Wer hat meine Hemden geschrumpft? Neue Geschichten aus dem wahren Leben. Reinbek bei Hamburg 2006, S. 35–44.
Stewart, James: The social consumption of information and communication technolo-

gies (ICTs): insight from research on the appropriation and consumption of new ICTs in the domestic environment. In: Cognition, technology and work. Bd. 5. London 2003, S. 4–14.

Stork, Ralf: Videoüberwachung und Vollwertkost. Ein zweisprachiger Kindergarten in Neuruppin will Kinder auf die Globalisierung vorbereiten. In: Märkische Allgemeine vom 02.06.2004, S. 3.

Unser Kind: Schwangerschaft – Entwicklung – Erziehung – Gesundheit; das Magazin für junge Eltern 1/1978–6/1986.

Vestby, Guri Mette: Technologies of Autonomy. Parenthood in Contemporary „Modern Times". In: Lie, M. und K.H. Sorensen (Hg.): Making Technology our Own? Domesticating Technology into Everyday Life. Oslo 1996, S. 65–90.

Warneken, Bernd-Jürgen: Umgang mit Gefahr – Reaktionen auf Tschernobyl. Tübingen 1987.

Weber-Kellermann, Ingeborg: Die Kinderstube. Frankfurt am Main und Leipzig 1991.

Weber-Kellermann, Ingeborg: Die Kindheit. Kleidung und Wohnen. Arbeit und Spiel. Eine Kulturgeschichte. Frankfurt am Main 1979.

Zwick, Michael M.; Ruddat, Michael: Wie akzeptabel ist der Mobilfunk? Stuttgart 2002.

Materialien

Bébétel. Das Babyphone per Telefon! Produktinformation der Leitronic AG. 4 Seiten. 2006.

Bedienungsanleitung für das BM 440 ECO PLUS von Babyfon. 2007.

Bedienungsanleitung für das BM 880 ECO von Babyfon. 2007.

Bedienungsanleitung für das SBC SC465 von Philips. 2007.

Bitte keine Babysitter. Babyfon-Produktkatalog. 15 Seiten. Um 2000.

Erfahrungsberichte des Verbraucherportals *www.ciao.de* Stand August 2006. Archiv Andrea Mihm.

Gemeinsam Sorge tragen. Produktinformation der Firma Philips. 10 Seiten. 2006.

Interviewaufzeichnung vom 01.02.2007. Interviewer: Andrea Mihm, Interviewte: Bernd Rennekamp und Rolf Krause. Archiv Andrea Mihm.

Philips Babycare. Produktübersicht 2006.

Vivanco Wechselsprechanlagen. Produktübersicht 1984. Archiv Andrea Mihm.

Warenkatalog Baby-Walz. 2006.

Werbeprospekt Vivanco. 4 Seiten. Um 1980.

Abbildungsnachweis

S. 4	Babyphon, um 1990, Privatbesitz.
S. 7	Zeichnung: Juan Miguel Restrepo Valdes.
S. 8	Babypost 1975/9, S. 4.
S. 10	Junge Mutti 1963/1, S. 14.
S. 11	Junge Mutti 1968/4, S. 8.
S. 12	Mütter-Magazin 1983/10, S. 12.
S. 13	Moderne Mutti 1978/3, S. 13.
S. 15	Werbeprospekt Vivanco, um 1980, S. 1 und S. 4.
S. 16	links: Babypost 1978/12, S. III; rechts: Junge Mutti 1973/10, S. 29.
S. 17	Eltern 1984/2, S. 134.
S. 18	Eltern 1983/3, S. 64.
S. 20	links: Werbeprospekt Vivanco, 1989, S. 53; rechts: Anzeigenarchiv Dr. Kathrin Bonacker.
S. 21	Unser Kind 1980/2, S. 34.
S. 23	Firmenprospekt Vivanco, um 2000, S. 10.
S. 24/25	Warenkatalog Jako-o 2006, S. 404f.; Warenkatalog Baby-Walz 2006, S. 288f.; Firmenprospekt Vivanco 2007; Privatsammlung Dr. Andrea Mihm.
S. 26	Werbeblatt Vivanco, 1984.
S. 28	Eltern 1975/2, S. 76.
S. 31	links: Junge Mutti 1971/4, S. 12; rechts: Junge Mutti 1966/1, S. 4.
S. 33	Privatsammlung Dr. Andrea Mihm.
S. 36	Junge Mutti 1971/3, S. 10.
S. 37	links: Frontseite der Babyfon-Verpackung, 2006; rechts: Peter und Linda Murray: Die Kunst der Renaissance. Zürich 1965, S. 277.
S. 39	Baby-Post 1968/9, Titelblatt.
S. 40	Werbeprospekt Vivanco, um 2000, S. 13.
S. 42	oben: Til Mette; unten: Firmenprospekt Vivanco, um 2000, S. 1.
S. 44	Babyfon-Verpackung, 2006.
S. 48	Gemeinsam Sorge tragen, 2006.
S. 51	Babypost 1978/1, S. 2.
S. 52	Mütter-Magazin 1986/8, S. 23.
S. 53	Eltern 1980/2, S. 107.
S. 54–57	Warenkatalog Baby-Walz, 2006, S. 301, 302, 304, 306.
S. 59	Warenkatalog Baby-Walz, 2006, S. 285.
S. 60	Eltern 1990/1, S. 101.
S. 63	Screenshot, http://www.toggo-mobile [Stand 14.04.2008].
S. 74	Andrea Mihm nach einer Idee von Barbara Smaller.
S. 76	Mütter-Magazin 1984/5, S. 5.
S. 78	links: Eltern 1985/2, S. 106; rechts: Junge Mutti 1964/6, S. 5.

S. 83 Produktwerbung eines Discounters, 2007.
S. 85 links: Werbeprospekt Vivanco, 1989, S. 53; Warenkatalog Baby-Walz, 2006, S. 207.
S. 90 Warenprospekt Naturversand Kirschke, S. 1.
S. 96 Werbeprospekt Vivanco, um 2000, S. 2, 3.

Danksagung

Das vorliegende Buch ist das Ergebnis eines an der Universität Hamburg durchgeführten Untersuchungsprojektes. All jenen, die zu seiner Entstehung beigetragen haben, danke ich von ganzem Herzen: den Mitarbeitern des Kollegs „Kulturwissenschaftliche Technikforschung", allen voran Prof. Dr. Thomas Hengartner und Dr. Klaus Schönberger. Letztere gewährten mir den für die Beschäftigung erforderlichen Schaffensfreiraum und ermöglichten es mir, wissenschaftliche und familiäre Interessen auf eine Wellenlänge zu bringen. Bernd Rennekamp und Rolf Krause von der Firma Vivanco waren so freundlich, ihr Fachwissen kundzutun und historisches Bildmaterial bereitzustellen. Simone Tavenrath und Dr. Ursula Quecke danke ich für wichtige inhaltliche und gestalterische Beigaben, Hinweise und Denkanstöße. Auf einige besonders ergiebige Literaturquellen machte mich Prof. Dr. Hans Peter Hahn aufmerksam. Für ihre Anregungen zur Beseitigung sprachlicher Interferenzen danke ich vielmals Antje Schreyl. Ein herzliches Dankeschön gilt schließlich meinem Lebensgefährten Wolfgang Ramming sowie dem Ideengeber für dieses Buch – unserem Sohn Frederic Mihm.